바보 새
알바트로스

김진호 시 · 칼럼집

태풍을 피하려고
나뭇가지를 기웃거릴 수는 없다
차라리 폭풍우를 뚫는 한 마리 바보 새가 될지라도

오늘의문학사

국립중앙도서관 출판예정도서목록(CIP)

바보 새 알바트로스 : 김진호 시·칼럼집 / 지은이: 김진호
. -- 대전 : 오늘의문학사, 2018
　　　p. ;　　cm

ISBN 978-89-5669-897-7 03810 : ₩15000

한국 현대시[韓國現代詩]
컬럼(기사)[column]

810.81-KDC6
895.708-DDC23　　　　　CIP2018004647

바보 새
알바트로스

[序詩]

독도가 너희 땅이면,
네놈들은 우리 종이다

당찬 놈들한테는 얼씬도 못하면서,
괜한 우리만 집적거리는.
이 쪽 바리 놈들아!
네놈들이 정말 우리를 얕잡고
깔보는 거 그거 맞는 거지?

백주에 귀 싸대기를 얻어터지고도,
얼음판에 자빠진 황소처럼!
눈깔만 말똥거리는
바보 천치 같은 놈들이라고…
없이 여기는 거 맞는 거지?

인간 망종들아 네놈들이 제아무리
날뛰고 지랄을 한다고 해도,
고작 한 여인네를
빌어 이 세상에 왔음이거늘…
그게 자연의 섭리이거늘…

빙하기에 한반도를 떠난 열도에서,
근근이 생명(生命) 부지하는
가엾은 쪽발이들이,
감히 무슨 염치로 독도(獨島)가
너희 거라고 생떼거지더냐!

참는데도 한계가 있는 법이라는데…
네놈들이 자꾸 생트집이면,
우리네도 네놈들의
DNA검사를 해서 백제나 고려를
도망친 종놈들은 아닌지…
필연코 한 번쯤 따져봐야겠지만,
지구의 절반을 피로 물들인
희대의 전범자들이,
제 아무리 역사를 날조하고
천민(天民)이라 우겨댄 들!

어찌하여! 하늘이 네놈들 편이겠느냐!
다만 한 가지 분명한 건,
네놈들 빌붙은 땅도
한반도를 빌었고, 혼도 백제를
빌어 갔음이 자명하거늘…

어찌하여, 쪽발이 네놈들은 그리,
반인륜적 작태만 골라서
하려는 것이더냐!
더는, 같은 하늘 아래서 못 살
이, 마귀할멈 같은 놈들아….

[추천사]

'바보 새' 上梓를 축하하며…

변 평 섭(전, 세종특별시 정무부시장)

산아~산아~계룡산아, 민족영산 계룡산아~
4백리를 굽어 도는~水태극에 뿌리내린,
천하명산 계룡산아~천하명산 계룡산아~
무사태평 도읍지를 어이 그리 모르는가?
해가 뜨니 광명천지 달이 뜨니 청풍명월,
산아 산아 계룡산아~산아 산아 계룡산아~

시인 김 진호가 지은 '산아 산아 계룡산아' 라는 노래가사의 일부다.

이 곡은 신행정수도의 성취를 소망하는 뜻을 담아 김진호시인이 쓰고 백성기 교수(우석대학교)가 작곡한 것을 국악인 김소희(대전시립연정국악원)씨가 노래한 국악창작곡이다. 2005년 대전시립연정국악원 송년음악회에서 초연된 후 500만 대전충청 지역인들의 뜨거운 사랑을 받았던 세종특별시 찬가다.

2007년 7월 세종특별시 기공식을 마친 후 개최된 노무현대통령 만찬축하곡으로 연주되어 노무현 대통령으로부터 높은 칭찬(중도일보)을 받았었다. 그는 이렇게 충청(忠淸)을 상징하는 계룡산과 금강을 영산(靈山)과 영강(靈江)으로 설정(設定)하고 거기에서 수없이 많은 시심(詩心)을 뽑아낸다.

어떤 때는 노래로, 어떤 때는 폐부를 찌르는 칼럼으로 세상을 기탄없이 꾸짖으며, 또 어떤 때는 애달픈 시어(詩語)로 뜨거운 열정을 토해 낸다. 계룡산에 대한 외경심(畏敬心)과 금강(錦江)에 대한 하염없는 사랑은 그가 태어나고 자란 고향산천(故鄕山川) 금산에 대한 가슴 뜨거운 애정(愛情)으로 귀결된다.

금산(錦山)

강 처사의
효심에 감읍(感泣)하여
동의보감도
상품약이라 적은

인삼을 내려 받은
영산(靈山), 진악산이여!
하늘은 스스로
돕는 자를 돕는다 하였다.

에코토피아를
잉태(孕胎)한
생명의 땅!
금산의 산하(山河)여…"
　　　　　　* 에코토피아 : 생태이상향

이 글은 2005년 그가 시인(詩人)으로 등단한 후 처녀작으로 쓴 애향(愛鄕) 시(詩)다. 인삼의 고장 금산 땅에서 태어나서, 칠백의사(七百義士)의 숨결을 머금은 금강변(錦江邊)에서 호연지기(浩然之氣)를 키워온 그는 늘 이렇게 청정금산(淸淨錦山)의 가치(價値)와 금산인삼(錦山人蔘)의 숭고(崇高)함을 노래하고 있다.

시인 김진호는 인류(人類)의 영약(靈藥)으로 한때 세계인삼시장을 쥐락펴락했던 금산인삼을 자신의 영혼(靈魂)처럼 소중히 여기는 사람인 듯싶다. 그가 설파하는 인삼의 가치, 인삼경작, 인삼의 유통과정, 인삼정책의 부실함 등 인삼에 관한 것이라면 그의 펜 끝에서 예리하게 다루어지지 않는 것이 없다.

시인 김진호는 '금산인삼'을 위해서 태어난 사람처럼 무서운 집념(執念)을 가진 애향운동가다. 아니, 김진호 그는 대전광역시의회 전문위원이었던 시절, 용담댐 오염원을 방치한 채 담수식을 준비하는 김대중 정부에 용담댐 담수 중지 가처분신청으로 맞설 만큼 용의주도하고 강단 있는 정치력까지 겸비한 정치인이다.

계룡산, 금강, 금산, 진악산, 그리고 금산인삼으로 응집(凝集)된 그의 영혼(靈魂)에 나라음악인 국악(國樂)을 융합(融合)시키는 계기를 맞게 된 것은, 대전광역시의회 전문위원으로 재직하던 그가 정부를 상대로 2001년 용담댐 담수중지 가처분신청을 했던 죄로 대전시립연정국악원으로 좌천되면서부터다.

스므 돐 잔치

삼십 년 전
성취동기가,
삼십 년 후
성공 여부를 결정한다는
진리를 쫓아,
강산이
두 번이나,
변하도록
국악사랑에 빠진
대전大田!
연정국악연구원.

대전시민을!
문화의 국빈으로
받들어 모시려던,
연정선생처럼!
우리 모두는
지나온
스무 해보다,
앞에 놓인
십 년을,
더욱 성심껏
준비하겠나이다.

* 연정국악원 개원20주년 초대의 글

이 글은 국악의 '國'자도 모르는 사람을 연정국악원장으로 보낸다며 사령장수령을 거부하며 기자회견까지 자처했던 그가 연정국악원 원장으로 부임한 후 4개월 만에 쓴 초대의 글이다. 통상 서간문체로 쓰는 초대의 글을 운문체(詩)로 바꾸는 동기를 부여했다는 문학적 평가를 받는 매우 의미 있는 글이다.

국악에 문외한(門外漢)인 그가 20년 공직생활 중 10년 세월 동안을 대전시립연정국악원장으로 재직했던 것만으로도 그가 얼마나 국악에 열정을 가졌는지를 말해준다. 그는 국악 자체만을 좋아한 것이 아니라 국악의 체계화, 국악의 대중화, 무엇보다 중부권 최고의 국악전용공연장을 마련하는데 전력을 질주했다.

그가 얼마나 국악 전용공연장 마련을 위해 노심초사했는지는 2011년 1월 17일자 중도일보에 기고된 글에서도 잘 나타나 있다. 대전시립연정국악원 설립자이며, 그를 나라음악인 국악전승 사업에 흠뻑 빠져들게 했던 故 연정 임윤수 선생에게 바친 글에서 우리는 그의 국악사랑 진면모를 볼 수가 있다.

"개원 30주년이 되는 올해에 지역 국악인 모두의 소망인 대전국악당 건설의 초석을 놓는다는 설렘으로 우리 모두는 더욱 감격스럽습니다. 연정 임윤수 선생님. 조그마한 연못에 석등(石燈)도 듬성듬성 있는 한국식 정원에, 서울남산국악당처럼 그런 엣지 있는 전통한옥으로 지었으면 더욱 좋겠습니다.

국악당이 완공되면 지난 30년 동안 해왔던 찾아가는 공연, 초청공연, 강습 등은 이제 지역 예술단체의 몫으로 돌려주려 합니다. 그리고 연정국악원을 이제 대한민국을 세계 1등 국가로, 대전을 우리 민족의 역사적 정신적 혈통을 이어나갈 대한민국 신중심지로 자리매김할 문화 아이콘으로 우뚝 세우겠습니다."

이렇게 김진호 시인은 국악, 특히 국악전용공연장건설에 온 힘을 쏟은 결과 마침내 둔산동 대전시립연정국악원이 탄생했다. 김진호의 국악사랑 이야기는 밤을 새워도 끝이 없다. 대전시립연정국악원을 지역문화아이콘으로 육성하겠다는 꿈을 기필코 실현시킨 질경이 같이 끈질긴 그의 영혼이 참으로 커 보인다.

운명(運命)

자넨,
거기서
모진 풍상을 견디다가
지구를
떠날 테고

나는
여기서

이렇게
풍진세파(風塵世上)에
시달리다
떠날 테지….

그렇지!
우리는
찰나도 모르는 길 섶
함초롬한
이슬
방울이지….

* 김진호의 '운명'-정2품 소나무 앞에서

　참으로, 김진호 그는 1,500년 고려인삼 종주지 금산의 땅 냄새가 물씬 나는 금산 사람이고, 인삼향기(人蔘香氣)에 흠뻑 젖은 촌로(村老)이며, 조선시대(朝鮮時代) 선비정신과 충청인(忠淸人)의 상징(象徵)인 절의(節義)를 온전히 계승(繼承)한 21세기의 김삿갓으로 불리어도 좋을 청정금산(淸淨錦山)이 낳은 자랑스럽고 걸출(傑出)한 시인(詩人)이다.

　여기에다 그는 사회개혁을 부르짖는 칼럼리스트로 사회평론가로도 남달리 뛰어난 재질을 보이고 있는 시인(詩人)이다. 그의 시는 행간(行間)이 뚜렷하고 간결하다. 그러면서도 그의 시(詩)는 이른 새벽, 옹달샘처럼 순수하고 평화롭다. 일신(一身)의 영달(榮達)을 탐할 줄 모르는 맑은 영혼(靈魂)이 깃든 김진호 시인의 뜨거운 가슴에 박수를 보낸다.

序詩 … 4

추천사 ‖ 변평섭(전 세종특별시 정무부시장) … 7

1부 시_ 바보새

錦山	24
가을이다	25
가장 큰 축복!	26
개자식들…	27
구월 어느 날!	28
구월의 山寺	29
求人廣告	30
그리움 1	31
그리움 2	32
그리움 3	33
그리움 4	34
그리움 5	35
그리움이란?	36
그림자	37
금수강산(錦繡江山)	38
내안의 푸른 꿈이 갈잎처럼 운다	39
마음 둘 곳…	40

나목(裸木)	41
꿈만 꿀 거니…	42
네 탓!	43
그 누가 알까?	44
다행	45
당신에게	46
당신은…	47
당신쯤이라면…	48
마음 밭	49
만추(晩秋)	50
맑은 영혼	51
못난 놈들…	52
무지렁이	53
물안개	54
미조(迷鳥)	55
바보	56
바보 새	57
법주사	58
별 빛 마을에서…	59
산안리의 봄	60
부모님전상서	62
사노라면	64

봄	66
사랑은…	67
사랑의 늪	68
사월의 광장	69
풍경(風磬)소리	70
삶이 고단할 밖에…	71
삶(生)	72
상사화	73
성묘(省墓)	74
생채기	76
수호천사(守護天使)	77
쓸쓸한 가을이어라	78
아름다운 同行	79
아침이슬	80
얄미운 황혼	81
어디쯤에서…	82
어이하라고…	83
어찌 한답니까?	84
여명(黎明)	85
오솔길	86
호수	87
용담호(龍潭湖)	88

용서(容恕) — 89
運命 — 90
이건 꾸밈없는 진실입니다 — 91
일상(日常) — 92
잃어버린 꿈! — 93
적적한 날 — 94
正一品 — 95
정치인의 말 — 96
조락(凋落) — 97
천년만년 — 98
지천명 — 100
참벚나무 — 101
하루살이 — 102
한가위 — 103
황혼별곡 — 104
황혼예찬 — 105
평생 친구… — 106
실수(失手) — 107

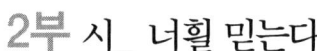

2부 시_ 너흴 믿는다

스므 돐 잔치 —————————— 110
너흴 믿는다 —————————— 112
國格을 되찾는 사람들… ————— 114
國樂旅行 —————————— 116
桐琴의 향연 ————————— 118
琴타는 사람! ————————— 120
길벗이어… ————————— 121
님이시여! ————————— 122
달님에게… ————————— 124
님의 노래여… ————————— 126
달빛 거문고 ————————— 127
덩그렇게 ————————— 128
冬舞 —————————————— 130
당신은 참으로 귀한 사람입니다 ——— 132
들 꽃 ————————————— 133
봄 빛 선율 ————————— 134
삼매경 ————————————— 136
相生 —————————————— 137
先覺者 ————————————— 138
惜別의 燈 ————————— 140

세월 내음 —————————————— 141
안영(雁影) —————————————— 142
당신을 사랑합니다 ————————— 144
스무살 겨울… ——————————— 146
애읍(哀泣) —————————————— 147
오동 소리 ——————————————— 148
유유자적 ——————————————— 149
저 별빛에! 춤추는 내 영혼을! ——— 150
젓 대 여무는 봄 저녁에… ————— 151
千年사랑 ——————————————— 152
천년의 메아리가 운다 ——————— 153
천년의 좀 —————————————— 154
춤으로 니눈 사랑 —————————— 155
통일! 그 날이… ——————————— 156
초록꿈 ———————————————— 158
피어오르소서… ——————————— 159
한밭! 더 큰 大韓民國을 꿈꾸다 —— 160
魂줄을 고른다 ———————————— 162
鶴, 이리 고울까? —————————— 164
가얏고 초록에 취하다 ——————— 165

김진호 시·칼럼집 ｜ 바보 새 알바트로스

3부 시_ 산아 산아 계룡산아

산아 산아 계룡산아 ────────── 168
연정 임윤수 선생 영전에 ────────── 172
바른 지방자치, 옳은 민주주의 ────────── 175
新 文明의 相生地 대전! ────────── 177
우주의 영속(永續)을 ────────── 180
이젠 철든 정치 할 때다 ────────── 182
「政」字도 모르면서 정치를… ────────── 186

4부 칼럼_ 금산은 대한민국 건강특구다

청정 금산의 미래는 어쩌자고 이러는가? ────── 192
금산은 대한민국 건강특구다 ────────── 196
금산 불산 누출사고 솜방망이 처벌이 원죄 ───── 201
부처 간 이중규제로 망해가는 인삼산업 ────── 206
금산군 의료폐기물소각장(행정소송)… ────── 211
현존하는 스토리텔링조차 외면하는 대전시 ──── 215
이제는, 문화경제학의 시대다 ────────── 219
선무당은 꼭 사람을 잡는다 ────────── 222

김진호 시·칼럼집 Ⅰ 바보 새 알바트로스

文化와 經濟 그리고 文明	227
문화는 국가와 사회의 공동자산이다	230
드디어 대전에 국악당을 짓습니다	234
동냥은 못줄망정 쪽박은 깨지 말라	237
다시는 그곳을 찾고 싶지 않습니다	242
누가, 자연의 섭리를 거스르는가?	248
중앙정부가 죽어야 지방정부가 산다	251
섣부른 지방자치가 생사람을 잡았다	254
대전을 CT테마 파크로 추천한다	257
'대한민국의 新 중심도시 대전건설'을 위한 提言	260
지방교육자치 이렇게 개선되어야 한다	264
국민의 삶 헤아리는 道治天下가 그립다	275
우리의 정당정치! 눈뜨고 더 못 보겠다	282
치졸하고 원칙 없는 정치부터 개혁해야	285
미국, 민주주의가 부럽다	289
블란트 '총리'는 생각부터 달랐다	292
세월호 참사, 대통령담화 너무 조급했다	296
공룡, 지구를 떠날 밖에…	301
흔쾌히 따라나설 길라잡이는?	304
인생의 사계(四季)	306
편집후기	309
해설 ǀ 리헌석/ 염결(廉潔)한 바보새 앨버트로스의 꿈	311

1부

– 시

바보새

錦山

강 처사의
효심에 감읍하여,
동의보감도
상품약이라 적은,
인삼을
내려 받은
영산 進樂山이여….

하늘(天)은
스스로 돕는 자를
돕는다 하였다.
에코토피아를
잉태한
생명의 땅!
금산의 산하여….

가을이다

정(情)이
그리운 계절!
가을이다.
옛 친구도
그립고,
멀어져 간
사람도
그리운 계절
가을이다.

외진 길,
가장자리를
서성이던
코스모스도,
덧이 난
허허로운
가슴을
달래는 계절
가을이다.

가장 큰 축복!

내 생애
가장
큰 축복은
아직도
미완성인
나를
믿어 주는
가족들이
있다는
것이다.

개자식들…

앎과 행동이
서로 다른 놈들이
세상을 온통
개판으로
만들고 있다.

삶의 지혜를…
희망의 멧시지를…
빼곡히
담았어야 할
신문(新聞)이

오늘 아침에도
우기는 걸!
진실로 아는 놈들
이야기로만
맥질을 했다.

구월 어느 날!

　오늘은, 솔 향 매캐한 해거름 연기가 살포시 그리워지는 날입니다. 오늘은, 잉걸불에 솥뚜껑 내걸고 애호박전 노릇노릇 부쳐 주시던 어머님이 자꾸만 생각키워지는 날입니다. 오늘 같이 비가 온종일 주룩주룩 쏟아지는 날이면 차라리 어머님 생각이 왈칵 쏟아져 내리는 그런 날입니다.

구월의 山寺

산천어들 쉼터마저
다 빼앗았던,

뭇 중생들은 어디가고,

댓돌 위 다람쥐만
홀로 조는가?

求人廣告

이승 떠나는
마지막 그 날까지…

따뜻한 가슴
한 켠 빌어서 쓸,

그런 인연!
어디! 없을까요?

그리움 1

외로움이야!
누구에게라도
달랠 수가 있다지만,

그리움이란?
당신이 아니면
달랠 수가 없다지요.

그리움 2

그리움들로
명치끝이 아려 오는
이 가을엔…

잉걸불보다

훨 뜨거운
당신 가슴이
더-더욱 절절하오.

참새처럼
파르르 떠는
그 숨결만이라도

더러는 가끔,

느끼고픈 데,
당신은 지금
어디이시나이까?

그리움 3

인연을 다하여
멀어진 걸,
굳이
탓을 하여,
무얼 한답니까?

숙명이려니,
그렇게!
그냥
가슴 갈피에
접어둬야지요.

그리움 4

괜스레
다가섰다가,
두레박 한 가득!
그리움만 건질까?
두렵습니다.

차라리
초병인 듯,
아주 멀리서,
당신의 달로 별로…
그리 살겠습니다.

그리움 5

얼굴이
보고 싶은 건,
아직도
사랑을 하고
있음이고,

이름이
떠오르는 건,
지금도
그리워하는
거라지요….

그리움이란?

흙먼지처럼
덕지덕지 쌓인
외로움이지….

그림자

미웠다.
생각도 없이,
괜 히
따라만 나서는,
그림자가 미웠다.

말벗도 안 되는,
한심한 그림자가….

미웠다.
땅거밀 보면,
줄행랑
쳐 버리는,
그림자가 미웠다.

길벗도 안 되는
비겁한 그림자가….

금수강산(禽獸江山)

올해도 강남 제비는
영영 그렇게…
우리들 사는 곳으로
오지 않았다.

이 땅은 제비 살 곳도
안되나보다!
금수들만 널부러진,
禽獸江山엔….

내안의 푸른 꿈이 갈잎처럼 운다

황량(荒凉)한 대지(大地)가
온통 자기 것인 양 우쭐거리던
枯木이 썩고 있다
밑동아리만 덩그러니 내놓고

한 번 뿌리 내린 욕망은
참으로 사위기가 어려운가 보다.
더디게 썩고 있는
枯木의 잔해가 너무나도 애잔하다.

미래를 도둑맞은 枯木이
적막강산이 되어버린 그 숲에서
통곡을 하고 있다.
허허로운 옛 시절이 그리운 건지

오장육부를 휘저으며
소쩍새가 울어 댄다. 밤을 할퀴며
피를 토하며 운다.
내안의 푸른 꿈도 갈잎처럼 운다.

마음 둘 곳…

사랑스러운 가족들도,
좋은 친구들도
즐비한데,

정작 힘들고 지친 날은,
마음을 둘 곳이
마땅찮다.

나목(裸木)

뿌리 깊으면
언젠가
새 잎 돋나니!

살 찬 바람에도,

아지랑이를
손꼽는,
裸木들 삶이

마냥 부러우이….

꿈만 꿀 거니…

꿈만 꾸려거든
잠자리로 드시고,

꿈을 이루려면
어서 일어나시게….

네 탓!

장댓비로
긴 여름을
억새만 키운,

농부님네
빈 가슴을
아우르는지?

귀뚜라미
한 패거리
떼 지어 나와

네 탓!
모두가
네 탓이라며,

까만 밤
하 얀 밤을
날로 지새네.

* 2003, 10월 잠 안 오는 밤.(태풍 매미가 왔던 해)

그 누가 알까?

실한 열매는
청솔모란 놈에게
죄다 도둑맞고

쭉정이며
잎새만 토닥이는
농부네 시름을

그 누가 알까
바랜 희나리처럼
허접한 그 마음을.

다행

밤이 하얗게
달님을 따르던
아기 샛별 하나가
깜빡 졸다

그만 호수로
첨벙!
빠져버렸다.

다행이다.
천만다행이다.

잘하면,
건질 수 있으니,
속이 휑하니
맑은,

용담호로 빠진 게,
그나마
천만다행이다.

당신에게

당신에게,
나는 힘이 될까,
짐이 될까?

당신은…

당신은
누군가에게
힘이
되는
사람입니다.

당신은
누군가에게
꿈을
주는
사람입니다.

당신쯤이라면…

영혼(靈魂)을
사랑할 줄 아는 당신!
당신쯤이라면….

자연(自然)을
사랑할 줄 아는 당신!
당신쯤이라면….

마음 밭

두렁 낮아
사랑 깊게
못 묻어둘까?

이랑 짧아
행복 크게
못 키워낼까?

만추(晚秋)

스산한
소슬바람이
소매를 잡는다.

참으로,
사랑하기 좋은
계절이어서,

그래서
낙엽들이 저리
뒹구노라고….

맑은 영혼

가끔은
나도
나를 몰라
어지러운
세상에 휩쓸려
살지만

영혼을
맑게
가꾸는
그 일만은
포기할 수가
없나니.

못난 놈들…

낙엽을 털 듯,
훌 훌 털면
그 만일 것을….
치렁거리는,
상념들만
보듬어 앉고
왜 그렇게
지랄들인지?
지지리도 못난
여의도 놈들….

무지렁이

이 세상에서
가장 슬픈 일은!
이 세상을
하직하는 일이고,

더 슬픈 일은
상황을 제대로
인식하지
못 하는 일이다.

물안개

이글거리는 대지를 널름 주워 삼키려다 헛바닥을 데었나보다. 꼭두새벽부터 삼라만상을 몽실몽실 토(吐)하는 걸 보니….

미조(迷鳥)

하늘 구만리,
고향 길마저 잃은
당신은 철새,
오고갈 데가 없는

당신은 철새,
길 잃은 철새…

구린내 나는,
시궁창 더듬어 사는
당신은 철새,
머무를 데가 없는

당신은 철새,
외로운 철새…

뜬 구름에,
둥지를 틀어 사는
당신은 철새,
갈바람처럼 사는

당신은 철새,
가엾은 철새….

바보

거울한테
먼저
웃으라는

바보가
어디 있어.

자기가
먼저
웃어야지.

바보 새

태풍을 피하려고,
나뭇가지를
기웃 거릴 수는 없다.

차라리 폭풍우를
뚫는 한 마리
바보 새가 될지라도….

법주사

법주사는
늘 거기서 그렇게
너그러이
가슴을 풀어헤치고,

시들먹한
영혼을 기다리는
고즈넉한
어미님 품속이외다.

별 빛 마을에서…

못 떠나가겠다는
낙엽들 수런거림으로
단잠을 못 이루는
산안리의 밤입니다.

최순실 게이트로
왈칵 뒤집힌 나라에
마음까지 뺏겨서
더 심란한 밤입니다.

달빛이 너무 고와
앞마당을 서성였더니
소슬(簫瑟)바람이
속마음을 흔드네요.

가슴 덧나기 전에
애써 잠을 청해보지만,
내 마음은 벌써
님 마중 나가셨네요.

산안리의 봄

누군들
가슴 깊은 그리움 하나
없는 사람이야
있겠소마는,

산벚꽃
흐드러진 마당에 서면
유난히도 꽃을
좋아하시던,

그리운
어머니가 하얀 꽃으로
송아리 숭어리
피어납니다.

그래서
무시로 보고픈 어머니
꽃으로 오시는
봄날이 오면,

천지를
오롯이 꽃으로 뒤덮는

산안 골짜기로
달려가지요.

차멀미
꽃 멀미로 뒤범벅된
자진뱅이 뜰로
달려가지요.

부모님전상서

남들만큼은
어림 택도 없지만,
그래도
아이 셋 모두를,
건강하게
키운 것 같습니다.
몸도 마음도 말입니다.

되려, 우리 내외가
챙기는 걸
싫어하는 걸 보면,
이제 세 녀석 모두…
제 앞가림은
스스로 한다는,
그런 뜻인가 봅니다.

앞도 뒤 도!
돌아 볼 겨를 없이…
農牛처럼 그렇게!
열 심히
세상을 살았습니다.

남들처럼 크게,
틀어쥔 건 없어도…

청빈하신
아버질 닮아내려…
단아하신
어머닐 닮아내려…
기를 쓰고 살았습니다.
아버님! 어머님!
난 누굴 닮았습니까?

사노라면

일어나시오.
포기한 듯,
길섶에 지쳐 누운
그대여!

아직도,
따사로운 햇살이
한 바지랑대는
더 남았소.

거꾸로
매달려서라도,
저승보단 이승이,
낫다 하지 않소.

두 주먹!
불끈 틀어쥐고,
어서 벌떡,
일어나시오.

그래도,
살가운 얘기

한 자락은,
남기고 가야잖소.

혹, 아오?
사노라면,
행운의 여신이
당신 편 될지….

봄

봄 마당에서
강아지를 쫓던
한 아이가,
아지랑이에
취했는지…
애도 강아지도,
갈지자로…

휑하니!

싸 립 문을
나서버렸다.
바둑이와 할머닌
오수에 졸고…
젖떼기와
철부지 강아지,
둘이서만….

사랑은…

구름이
그러는데!
한 번 놓친 사랑은,
영원히,
따라잡을 수가
없는 거래.

그래서 자긴,
평생을
사랑만 쫓는 다나.
부서진 몸 가루가
하늘을,
죄 덮는 날까지….

사랑의 늪

더 멋진 나를…
보여주고 싶은
욕망이 일고 있다면,

당신은 이미
사랑의 늪에
퐁당 빠진 겁니다.

사월의 광장

간밤에
누가 그리
고운 카펫을 깔았을까

연초록
광장 한가득
비둘기들 신바람 났다.

한 발짝
다가서면
서너 발짝이나 빗겨서는

이른 봄
사랑놀이로
온통 야단법석이 났다.

꾸욱-꾹
퍼-드-득
하나만 더 낳아 보자고.

풍경(風磬)소리

오늘도 하염없이
허공(虛空)만 두드리는,
산사(山寺) 그윽한
풍경(風磬)소리는,

하늘을 날고픈
물고기 발원일까?
오수(午睡)든 노스님을
깨우는 성화일까?

삶이 고단할 밖에…

좋은 일만 하고
살았어도
늘 삶이
그저 그런데,

상 생트집만
잡고 사니
삶(生)이
고단 할 밖에….

삶(生)

물속의 물고기가
목말라 한다는 말을 듣고
나는 웃는다.

시인 까르비의 노래다.

풍요로움에 빠져
쉴 새 없이 허우적이는
날 보고 한 말이다.

상사화

언젠가 다시
돌아온다는 약속을,
헤어짐이라
부르는 것이겠지요!
헤어져
아주 멀리
떠난다는 것은,

인연의 끈을
잠시 가슴에 사리는
것이겠지요!

그리고 먼 훗날!
그리움 머금어
피고 지는,
가슴속 상사화
되는 게지요,
세월의 꽃
마음의 꽃 상사화.

성묘(省墓)

어머닌
이제,
세상걱정
모두 잊으셨나 보다.
찾아뵈올
때마다,

연초록
양단
이불 속
곤한 잠에 빠지셨다.
작년에도!
올해도!

생전엔,
허리 한 번
제대로
펴 보시지 못하시던
어머니가
웬일로…

저렇게
평안하신 걸까?
어머니께서는
정녕
자식걱정
잊으셨나 보다.

생채기

죽고 싶을 만큼
아린 상처 하나 없는 사람이
어디 있을까요?
어느 누구나
몇 권의 책을 낼 만큼,
깊은 사연들을
가슴 한가득
묻고 살아간답니다.

생채기를 어루만지면,
한이 되고 원망이 된답니다.
잊어야지요.
암 잊고 살아야지요….
쓰라린 생채기를
느낄 새도 없는
전복들만
흑진주를 키운답니다.

수호천사(守護天使)

어딘지 모르게,
편안함이 느껴지는
그 선한 눈빛이
마냥 좋다.
언제나 적당한 때
나의 삶에
끼어들었다가
마음이 평온해지면
홀연히 떠나는
나의 수호천사.

쓸쓸한 가을이어라

삶의 의미를
상실한 채,
끝내 주검으로
내 몰리는
낙엽 더미에…

되돌릴 수도
바꿀 수도 없는
삶의 흔적을
또 그렇게
묻어야 하는가?

이다지도
잔혹한 쓸쓸함
얼마이어야,
생이 아름답다
노래를 할까?

아름다운 同行

묻지 않겠소,
그대 어젯밤 구름 속에
숨어 들은 까닭을…

달님 별님은,
매일 밤을 함께하지만
제 갈 길만 간다지….

아침이슬

더 없이
정갈하고
영롱한
아침 이슬이,

자꾸만
앞을 서며,
바짓가랑이를
잡는다.

잠시만,
잠시만 더
시절을
같이하자고···.

얄미운 황혼

運命이라는,
바랑 망태 하나
달랑 메고,
숨 가쁘게 달려 온
人生旅程인데…

인생을 차마
깨닫기도 전에,
턱 하니 내 코앞을
가로 막아서는
얄미운 황혼….

어디쯤에서…

바다만큼
속 깊은
자네 맘과,

여울만큼
속 얕은
내 마음은,

어디쯤에서
만나게
되는 걸까?

어이하라고…

어느새!
가을이
그리 많이
깊어
버렸나?

갈무리
못 한
이내 맘은,
어이
하라고!

어찌 한답니까?

글쎄나 말입니다.
언제부터인가?
먼발치에서…
허락도 없는 당신을,
나 혼자서
사랑하게 된 것을
어찌 한답니까?

그래선 안 된다고
손사랠 치지만,
자꾸만 당신에게로
달려가는,
내 마음을
멈출 수 없는 걸
어찌 한답니까?

소슬(蕭瑟)바람에도
우수수 떨어지는
애처로운
낙엽처럼!
차곡차곡,
쌓이는 상념들을
어찌 한답니까?

여명(黎明)

아무에게도
허락하지 않은
山寺의
時空을

뗑겅 뗑겅
풍경소리 홀로
깨우고
있어라.

오솔길

어디론가
떠나고 싶은 그길.

누군가가
올 것만 같은 그길.

고운님과
함께 하고픈 그길.

호수

사람들을,
모두 떠나보낸
그 자리엔,
한 조각 하늘이
내려앉았다.

옥거리*는 지금
적막강산이다.

이따금씩,
고향소식을 찾는
구름이 오갈 뿐!
작은 호수는,
고요의 바다다.

* 옥거리 : 수몰되기 전 용담면 소재지 지명.

용담호(龍潭湖)

기필코 그리되었네요.
할아비의
할아비보다,
훨씬 오랜 옛날부터
그리 된다던
금강 수룡(水龍)이,

꼭 그리 깊숙이 맑은
용궁에 잠겼네요.
살가웠던*,
용담(龍潭) 사람들
이야기를
여의주로 물고….

* 겉보기보다 속이 너르다.

용서(容恕)

그런 것이로구나!

세상 어디에도
용서하는 마음처럼,
아름다운 것은
없는 것이로구나?

그런 것이로구나!
증오와 미움으로,
시들해진 영혼들까지,
이승에 붙들어주는 것은.

運命
— 正二品 松 앞에서

자넨,
거기서
그렇게
모진풍상을
견디다가
지구를
떠날 테고….

나 는,
여기서
이렇게
풍진 세파에
시달리다
이승을
떠날 테지….

그렇지!
우리는
찰나도
모르는 길섶
함초롬한
이슬(露)
방울이지….

이건 꾸밈없는 진실입니다

아무리 쓸어 담으려 해도 잘 안 되네요.
평생 아무것도 저질러 보지 못했던 내가
어쩌다가 내 마음은 그대에게 덜컥 엎질러 놓고
왜 이리 쩔쩔매고 있는지를 모르겠네요.
고백하건대 이건 꾸밈없는 진실입니다.

일상(日常)

우리네는
새 날을 여느라
늘 그리
수선을 피지만

우리 앞에
펼쳐진 새 날은
왜 노상
어제와 같을까?

잃어버린 꿈!

너무 호사스러워서
까마득하게
잊었는지 모르지만,
정녕 우리가 잃어버린
유년의 아름다운 꿈들은,
담벼락을 움켜쥔
담쟁이 넝쿨처럼
조금씩! 아주 조금씩!
그렇게 망각의 성벽을
기어오르고 있었다.

적적한 날

딱히 갈 곳도
오라는 데도 없는데
추적추적 낙엽을 쫓아 나선
가을비소리에

혹 뉘 올까
괜스레 이별마당을
서성이는 울적한 이 내 맘을
어이할까나!

正一品

천길 벼랑 홀로 저리
늘 푸른 솔은,

선비의 절의(節義)를
품었음인가?

사철 푸른 고고함이
정일품일세.

정치인의 말

삐뚤어진 마음으로
곧은길만 가겠다는
주정뱅이 허풍이다.

조락(凋落)

삶의 의미를 상실한 채, 끝내 파리한 주검으로 나뒹구는 낙엽 더미에
또 그렇게 바꿀 수도 되돌릴 수도 없는 어눌한 삶(生)을 묻으려하는가?
이다지도 잔혹한 스산함 얼마이어야 생(生)이 아름답다 노래를 할까?

천년만년
― 반딧불이 사랑

1
당신이
사랑하는 당신이 기다리라시면,
나는 기다리렵니다.
수수천년 유리병을 지키는
종이학이 된다고 해도,
나는 당신을 기다리렵니다.
눈물이 말라 울지도 못하고
날개가 없어 님 찾아 못 가도

천년을, 만년을…
차라리- 차라리 가슴으로만 우는
종이학이 된다고 해도…
사랑하는 당신이, 기다리라시면…
나는, 나는 당신을,
사랑하는 당신을 기다리렵니다.

2
당신이
사랑하는 당신이 기다리라시면,
나는 기다리렵니다.
수수만년 개똥밭을 구르는

반딧불이 된다고 해도,
나는 당신을 기다리렵니다.
입조차 없어 먹지도 못하고
눈조차 없어 님 찾아 못 가도

천년을, 만년을…
차라리- 차라리- 가슴으로만 우는
반딧불이 된다고 해도…
사랑하는 당신이, 기다리라시면…
나는, 나는 당신을,
사랑하는 당신을 기다리렵니다.

지천명

여름날 풍요에서,
빈곤의
겨울로 향하는
교차점.
가진 자의 천국에서,
못 가진 자의
지옥으로 향하는,
징검다리….

가을을
이렇게 노래한,
어느
詩人의 말처럼!
흐드러진 풍요에도,
거머쥔 것
하나 없는
텅 빈 세월….

참벚나무

내가 살아가는 이유를
당신이라
하겠습니다.

당신의 고운 숨결로만
내 명줄을
잇겠습니다.

평생을 한 몸으로 사는
그 기쁨만
알겠습니다.

우린 참나무 벚나무가
한 그루 된
연리지니까!

* 일명 : 連理枝戀歌

하루살이

모기랑
하루살이가,
해를 꼭깍
넘길 때까지 놀았다.
꽤나,
재미있었던지?

모기가,
내일 또 놀자고
청했다!
눈이 똥그래진
하루살이는,
내일이 뭔데? 하고
되묻는다.

그렇겠다.
꼭, 그렇겠다.
단 하루의,
명줄을 타고난
하루살이가,
내일을
어찌 알겠는가!

한가위

더디 오는
자식들
지지리도
보고 싶은지…

벌써부터
설익은
보름달을
내 걸으셨네….

황혼별곡

하늘이 내 것인 양 우쭐거리던 잎새들이 어느새 누런 낙엽으로 빛을 바래고 있다. 유난히도 성가시던 정유년 찜통더위가 떠난 텅 빈 숲으로 가을은 또 그렇게 성큼 다가서고 있었다. 황혼으로 등 떠밀린 우리네 인생처럼! 오늘도 숲에는 왼 종일, 가슴시린 낙엽들만 서걱이고 있다.

황혼예찬

세월이 흐를수록
엣지 있는 담쟁이 넝쿨이

너무나도 부러운
참 햇살 좋은 가을입니다.

평생 친구…

인류를 지켜낸 아스피린처럼!
그렇게 나를 평생 지켜 줄
좋은 친구 하나만 있었으면 좋겠다.
그 사람이 배우자면 더욱 좋고,
친구나 정신과 의사여도 괜찮다.
하지만 환부는 과감하게 도려내주는
그런 용기 있는 친구였으면 더 좋겠다.

실수(失手)

근사한 말이
언뜻 언뜻
떠오르지 않아서.…

운명처럼 만난
인연들에게,
옹졸한 내 맘을

단, 한번도
바로 보여주지
못 한 것이,

내가 살면서
저지른 가장 큰
실수였다.

2부

― 시

너흴 믿는다

스무 돐 잔치

삼십 년 전
성취동기가,
삼십 년 후
성공 여부를 결정한다는
진리를 쫒아,
강산이
두 번이나,
변하도록
국악사랑에 빠진
대전(大田)!
연정국악연구원.

대전 시민을!
문화 국빈으로
받들어 모시려던,
연정선생처럼!
우리 모두는
지나온
스무 해보다,
앞에 놓인
십 년을,

더욱 성심껏
준비하겠나이다.

* 대전시립연정국악연구원 개원 20 주년기념연주회 초대의 글

너흴 믿는다

굽은 나무가
선산을 지킨다고
하더니만?
행복 찾아 모두 떠난
텅 빈 자리를…

土里풍물패,
너희가!
그리,
지키려는 것이더냐?
장하다. 갸륵하다.

七百義士!
숨결을 머금어 자란,
가슴 순한!
錦山의 아들딸들아…
너흴 믿는다.

民族의 뜨거운 피가
요동치는
너희들!

그 열렬한 가슴을
우린 믿는다.

* 금산청소년토리풍물단 창단발표회 축하의 글(2005. 5. 8)

國格을 되찾는 사람들…

우리네 사는 모습이
남이 장(場)에 가니까?
씨오쟁이 짊어지고 따라 간다는
속담을 너무도 닮아있다.

말이 씨가 된다더니…
어느새 우리네 삶이,
이리 되고 말았을까? 되짚으니
참 아이러니한 속담이다.

배만 고프지 않으면,
될 거라 그리 믿고,
앞뒤를 돌아볼 겨를도 없이,
정말 정신없이 살았는데…

어찌하면 좋을까나!
어찌하면 좋을까나!
이 노릇을 어찌하면 좋을 까나,
모두가 이방인 되었으니…

어찌하면 좋을까나!
江도 山도, 자네도,

나도, 모두가 이방인 되었으니,
차마 어찌하면 좋을까나!

싱그러운 봄바람도…
정겨운 이 가락도…
모두 다 오갈 곳 없는 이 봄을
차마 어찌하면 좋을까나!

* 협연공모 대전시립연정국악원(2010. 5. 13)

國樂旅行

시리도록
푸른 하늘마저,
초록으로
물들이고 싶은
5월처럼!
싱 그런 마음으로
국악 여행을
떠나 봐요.

산 에 산에
산에는,
메아리가 살고요.

아—리—랑
고갯마루에는,
우리들 넋이
산다네요.
아리, 아리!
쓰리, 쓰리!
아라리가
났네요.

재미있고
신나는,
교과서 국악여행!

* 교과서국악여행 - 대전연정국악원기획공연(2006. 5. 30.)

桐琴의 향연

금새라도!
툭하고
터질 듯한,
여인네처럼!
시절이
그렇게,
아리땁게
몽실몽실
여무는
애 저녁에…

어정칠월

뙤약볕에,
속살이
한껏 오른
桐琴 선율을,
가을의
전령사!
쓰르라미
녀석들이

시샘을
하자하네….

* 동금악회 정기공연

琴타는 사람!

나는 참!
행복한 사람입니다.
하얗게 빛바랜
그리움까지…

오롯이
담아둘 가슴을 가진,
나는 참! 행복한
사람입니다.

나는 참!
행복한 사람입니다.
옛 시절 아련한
추억들까지…

梧桐으로
생각 키우는 나는,
나는 참! 행복한
사람입니다.

　　* 琴 타는 사람, 車銀鏡 독주회(2010. 10. 20)

길벗이어…

터벅이는
황톳길
적시는
이슬인 듯,
옥(玉)소리에
취(醉)한
여인인 듯,

해 맑은
삶生을
토해 내는,
그 대!
질박(質朴)한
人生의
同伴者여…

* 許丁仁 풀-룻 독주회 축시(2006. 5. 12.)

님이시여!
— 燕亭 林允洙 선생을 추모하며

피땀 흘려
금수강산을,
짙푸르게
가꾸어
놓으시고,
현자들
하나 둘
떠나시더니,

님께서도
우리음악을,
바르게
키워 낼,
문전옥답만
닦아두고,
홀연히
가시었으니,

오늘밤엔
우리음악을,
이 강산을…
더 크게!

더 푸르게!
가꿀 님이
불현듯
그립습니다.

* 서거 2주기, 추모음악회(2006. 9. 26.)

달님에게…

달님이시여!
꿈결 같은
시절 소망하시는
달님이시여!
삼백 예순 날
한결같이,
우리네 건강과
행복만을
지켜주소서….

달님이시여!
비단 같은
세상 펼쳐주시는
달님이시여!
보기도 민망한
이 세상을,
그 곱디고운
달빛으로
덮어주소서….

달님이시여!
옥빛으로

온 누릴 휘덮는
달님이시여!
갈 갈이 찢긴
이 겨레를
울 엄마 같은
가슴으로
감싸주소서….

달님이시여!
평화로운
세상을 원하시는
달님이시여!
아시아의 진주
대한의 아들
신효범 의원님
큰 소망도
이뤄주소서….

  * 신효범 - 미국 워싱턴 상원의원

님의 노래여…

한(恨) 맺힌
가슴을 토하는
푸념인 듯,

銀쟁반을
구르는
玉소리인 듯,

그리!

淸淸하고
淳朴한 민족의
숨결이여…

여린 가슴
살포시 안아줄
님의 노래여…

  * 한채연 서도소리 발표회(2007. 2. 13.)

달빛 거문고

어슴푸레한…
그리움들로
차라리 목조차
쉬어버린
오동의 소리…

아슴아슴한
세월 저 편
그리움을 찾아!
잃어버린
천년을 찾아!

달빛 시린
겨울 하늘로
아련히 고운님
사붓 사붓
떠나가시네.

* 이수임 악장 발표회 축시

덩그렇게

민족의 얼(魂)을
지켜나갈
겨레의
전당(殿堂)이도록

민족의 자존을
드높여갈
국악의
전당(殿堂)이도록

일제에 채이고
근대화에
짓밟혀
만신창이가 된

우리의 소리를
대한민국
국격을
되살려낼 대전

대전국악당을
덩그렇게

그렇게
세우겠습니다.

* 대전연정국악원 127회 정기연주회(2011. 3. 10.)

冬舞

잎새
바스락이는
소리에,
갈색 추억은
그렇게
하나 둘
잠이 들고,

새하얀
눈꽃 송이는,
또 그리
한잎 두잎,
연초록
잎사귀를
돋우나니…

내 어찌
환희의 춤을
멎으리…
우리 어찌
시절을

노래하지
않으리.

* 연정국악연주단 전통무용의 밤 초대의 글(2007. 11. 15.)

당신은 참으로 귀한 사람입니다

당신은 참으로
귀한 사람입니다.
모두가 떠나간
묵정밭에 나서서,

우리네 잃었던
숨결을 지켜내는…
당신은 참으로
귀한 사람입니다.

누리를 보듬은
저 산처럼 강처럼!
민족의 소리를
보듬어 사는 당신!

당신은 참으로
귀한 사람입니다.
해처럼 달처럼
귀하디귀한 당신….

* 지현아(가야금병창) 발표회 축시

들 꽃

모진 땅에
홀연히 선
들꽃을
닮아,
북풍 설한도
고마워라
홀로 핀 셀-라 !

네 작은
향기로,
한밭을
적시는구나.

아직은
소담스런
소리향 키워,
시리고
저린,
온 누리를
채워내 보렴.

* 셀라합창단공연 축하의 글

봄 빛 선율

환희(歡喜)의
새 봄을 잉태한
마파람이
솔래솔래
불어오고 있다.

초록 봄을
은근슬쩍 펼칠
따사로운
한 줄기
아지랑이로…

희망(希望)의
새 아침을 밝힐
琴노래가
시나브로
피어나고 있다.

시린 가슴
포근히 보듬을
아름다운

한 가닥
사랑노래로….

* 박정수 선생의 첫 번째 독주회를 축하하며(2009. 2.)

삼매경

이리
청아한
민족의 소리를,
어찌
잊겠느냐며,

저리
단아한
겨레의 숨결을,
어찌
버리겠느냐며,

대금
삼매경에 든
당신!
참으로
아름다우이….

* 신용문 교수(우석대학교) 대금 독주회 축하의 글(2004. 4. 23.)

相生

있는 힘껏 달려야
있던 자리를
머무는 세상이
되었는데도,

한 발짝, 뒤서서
놓친 삶의 조각만
그리 열심히
줍는 사람들!

가진 것 없이도
늘 나누고 살았던
여유로움을
되찾고픈 사람들!

그들의 고풍스런
아흔 네 번째,
소리 마당으로
당신을 모십니다.

* 대전시립연정국악연구원 개원 24주년 기념연주회 초대의 글(2004. 7. 14.)

先覺者
— 燕亭 선생을 추모하며

일 년에 한번
하늘에 올라,
견우와 직녀의
사랑을 지킨
애달픈 오작교 전설처럼!

가사 불고하고
나라음악을 지킨,
지고지순한 당신의 삶이
이제 그리 애틋한
전설이외다.

미수의 삶에도
당신 꺼라곤,
세상에 오직 단하나
초라히 굽고
백발만 성성한 노구뿐!

나무 한 그루
풀 한 포기
탐하지 못한,

당신이 진정 배달의 적자요.
이 땅의 주인이외다.

* 제1회 연정추모음악회(2005. 9. 28.)

惜別의 燈

허공을 내젓는,
성당의 종소리마저
을씨년스러운
세밑에서,
우리는
또, 그렇게
당신을 보냅니다.

임재원 지휘자님!
아쉽지만
어찌한답니까?

가슴 저리도록
애틋한 정(情) 다 모아,
석별의 등(燈)
밝혀두고,
그리운
사람이 먼 저
쫓아나가 볼 밖에….

* 임재원지휘자 이임 공연(2007. 12. 26.)

세월 내음

모두들
까마득하게,
잊은
어제를…

저리,
꾸역꾸역
오늘로
옮기는 사람들,

그들의
고뇌에 찬
몸짓(魂動)에서
우리는,

라일락향보다
더 진한
세월 내음을
맡는다.

* 안무자 송문숙〈오늘의 우리 춤〉축하의 글(2004. 3. 36.)

안영(雁影)

찬 서리를
벗 삼아,
호수처럼
파 아란
하늘 저편에,

저마다
가슴 저미는,
사연들
묻고 가는,
이 가을에…

하염없이
맨 땅을,
허우적이는,
나(我)는
누구일까?

스산한
세월 한 켠에,

하소연
적어 보는
외기러기….

* 송문숙 우리함께… 춤과 함께…(2007. 11. 24.)

당신을 사랑합니다

우리는 당신을 사랑합니다.
나라음악 말고는
아무것도 사랑해본 적이 없는
당신을 사랑합니다.

아무도 거들떠보지 않는
나라음악에 홀려,
가족 돌봄도 잊고 살다 가신
당신을 사랑합니다.

보릿고개를 넘어선다고,
민족의 혼(魂)까지
내팽개친 무지몽매(無知蒙昧)한
백성들을 향(向)하여…

격조 높은 나라음악을
지켜야 한다고,
오천년 문화 민족의 숨결을
멈춰서는 안 된다고,

목청 돋우시던 연정
당신의 바보 같은

생전을 우리는 추억합니다.
그리고 흠모(欽慕)합니다.

* 연정 임윤수 선생 제2회 추모음악회

스무살 겨울…

IMF 후유증
때문입니까?
사시는 모습이
유난히도
힘겨워 보이시네요.

고단함 나누려,
깜냥껏
애쓴 해인데,
결산서는
다람쥐 쳇 바퀴네요.

모자라는
연주회에,
님의 큰 힘과
용기를
보태어 주소서.

더욱 잘 뫼 실
내일을 위하여,
훌쩍 크겠습니다.

* 대전시립연정국악연구원 제78회 정기연주회송년연주회 초대의 글(2001. 12. 21.)

애읍(哀泣)

곰삭은
명주(明紬)실에
지려(志慮) 얹고

단숨에
달려 맞은
지명(知命)인데!

그 넉넉한
선비 혼(魂)
다 어디가고,

열두 줄
애읍(哀泣)만
게 있느뇨?

* 이재경 교수(목원대학교) 쉰 살의 겨울 연주회(2003. 12. 22.)

오동 소리

여보게,
자네!
오늘은 왜 그리
힘이 들어 보이시는가?
깜냥 껏,
이고 진 봇짐인데,
어찌,
빈손으로 보이네 그려,

시들한 세상일랑,
그쯤,
어디 세워두고,
곰삭아 맛깔스런
오동소리와
내가
누구인지?
돌아봄은
어떠하시겠는가?

* 목원대학교 신웅재 교수 첫 발표회

유유자적

질박한
자연의 섭리에
취하신,
아릿한
님들을 그리며…

그윽한
천년의 향내를
머금은,
다현악
그 정에 취하며….

* 다현악회 창단연주회

저 별빛에! 춤추는 내 영혼을!

오색단풍이 산허리를 휘어 감고,
너울춤을 추는 이맘때가
나는 제일 좋다.
목쉰 귀뚜라미 소리에
갈 길 재촉하는 흰기러기처럼!
그렇게 나도 죽음의 계절로
등 떠밀리고 있으면서도 말이다.
조락(凋落)하는 낙엽처럼!
나폴 나폴….

침묵으로 지새워도,
지루하지 않을 이 밤을 다하여
눈이 부시도록 아름답게
나는 피어오르고 싶다.
누군들 빛나는 저 별빛에
영원토록 머물고 싶지 않은 사람
어디 있으랴만,
기필코 나는
춤추는 내 영혼(靈魂)을
저 별빛에 머물게 하리….

* 송문숙 그 외길 40년을 축하하며(2008. 11. 20.)

젓 대 여무는 봄 저녁에…

낙화 분분하고
시절이 하 수선하니,
여 보시게,
오늘은 우리
세상만사 다 제치고
수연장지곡에
어디 한 번
흠뻑 취해 봄 세나….

수만(數萬) 꽃 잎
흩날리는,
이화나무 아래여서
더욱 좋고,
젓 대(大笒) 여무는
봄 저녁이라
더 더욱!
흥타령 나더이다.

* 한밭정악회 대금반 첫 번째 연주회(2006. 4. 22.)

千年사랑

천년(千年)
세월 두고,
차마
못 다한 말,

외로 꼰
명주(明紬)실이,
오동(梧桐)에
속삭인다.

금송(琴松)*
손끝에
이는,
실바람이

솔 솔
천년(千年)
사랑을,
지 피운다.

　　* 琴松 이재경 교수(목원대학교) 가야금 연주단 축하의 글(2005. 4. 12.)

천년의 메아리가 운다

천년의 메아리가 운다.
흐르는 물처럼!
스쳐가는 바람처럼!
회돌이 치며 흐느끼며….

천년의 메아리가 운다.
은근과 끈기를
머금어온 맥놀이가…
성난 파도처럼 운다.

천년의 메아리가 운다.
치솟는 해처럼!
떠오르는 달님처럼!
덩실 덩실 춤을 추며….

천년의 메아리가 운다.
뜨거운 女人의
가슴을 휘 저으며…
성난 하늘처럼 운다.

* 전승희 선생 개인 독주회(2010. 10. 27.)

천년의 香

바듯한 삶에
혼쭐난,

님의
시린 가슴을

살포시
보듬고 싶다.

이 땅을
살아내게 한,

고즈넉한
민족혼으로…

그 고운
젓대소리로….

* 대전시립연정국악연구원 (대금)연주회 축하의 글(2004. 9. 24.)

춤으로 나눈 사랑

깐깐오월
如三秋를 어우르는,
만타(萬朶)의
싱그러움마저
없었다면,

시절은 도대체
우리에게
어떤 의미일까?

天上天下를
넘나드는 나비인 듯,
그리 고운
너울춤이라도
없었다면,

도대체 생(生)은
나(我)에게
무슨 의미일까?

* 만타(萬朶) : 온갖 초목의 가지. 많은 꽃가지.
* 전통무용연구회 창립10주년 기념발표회(2006. 5. 18 .)

통일! 그 날이…

차라리,
눈물조차 말라
거북등 되어 버린
가슴, 가슴들!

어떤가?
우리 이쯤에서
응어리 더껭이는
풀고 가세!

자네가
상쇠면 어떻고,
내가 소고 잽이면
무슨 대수인가?

그 저,
신명난 어울림
한 판이면 족한
우리 아니던가?

얼씨구절씨구,
지화자 좋구나!

덩덩 덩-더-쿵
이렇게….

* 대전시립연정국악연구원 개원 22주년 기념연주회 초대 글(2003. 7. 14.)

초록꿈

아해야!
풍악을 울려라.
단아하고 고풍스런
겨레 소리가,
백두산 훨 너머까지
울려 퍼지게….
아해야!
더 힘차게
풍악을 울려라.

아해야!
춤을 추어라.
한 서려 아름다운
춤사위가,
동해 바다 훨 너머를
너울거리게….
아해야!
더 고운
춤을 추어라.

* 대전시립연정국악연구원 제93회 연주회 green-ass dream 초대 글

피어오르소서…

반만년이도록
끊어질 듯
이어질 듯,
우리네 가슴을
여울지는,
순박한 삶이여….

가슴속으로만
아스라이
피고 지는,
겨레의 혼
민족의 숨결이여,
피어오르소서….

월하(月下)의
박꽃처 럼,
소담스런
고운님 빌어,
새록새록
피어오르소서….

* 김소희 선생 발표회 축시

한밭! 더 큰 大韓民國을 꿈꾸다

만약에… 만약에 말입니다.
철령 땅을 침노하는
명明 나라를 물리쳐야 한다고,
주장하던 최영을 따라
고려 조정에 순응했더라면….

그래서 이성계가 회군해서,
최영을 제거하고
조선왕조를 열지 않았더라면,
오늘 우리 대한민국이
이 지구상에 남아 있을까요?

만약에… 만약에 말입니다.
이 태조께서 그때
호족들 거센 반발을 물리고,
애시 당초부터 천도를
8백년도읍지로 했더라면?

조선 왕조의 태평성대를
지금도 누릴 텐데….
4백년 도읍지라던 한양에서,

이 왕조는 518년 만에
문을 닫아걸고 말았습니다.

만약에… 만약에 말입니다.
지금이라도 8백년
도읍지 자리로 천도를 하면,
대한민국의 미래가
어떻게 바뀔지 아시는 분!

혹여, 그런 분 안 계십니까?
한 이백년쯤은 더
명당자리로 서울을 옮기면,
대한민국이 세계를
다스리게 될지 누가 압니까!

* 국립국악원 초청 연주회 초대의 글

魂줄을 고른다

호수를 머물던
구름 한 점,
어디론가 떠날 채비로
바쁜 갈,
淸興은 오늘도…

천년 그리움의
강가에 앉아,
겨레의 魂줄을 고른다.
세월 강
어느 모래톱을

여울지고 있을,
찬란(燦爛)한
민족(民族)의 서사시를,
애 타게
그리며, 참으로

가슴 순(純)한
여인네들,
둘러앉아서 배달(倍達)

겨레의
魂줄을 고른다.

* 청홍가야금연주단 축시

鶴, 이리 고울까?

어디에,
내린 鶴이
그리
優美하였던가?

日出!
紅鶴舞가
이리
곱다 하였던가?

瑞光!
白鶴舞가
저리
곱다 하였던가?

* 서지민 선생 국립민속박물관 제425회 토요상설공연 축시

가얏고 초록에 취하다

갈 길 바쁜
계절의
여왕 5월도
발목을 잡혔다.

황금파도
너울 키우는
청 보리밭
하늬바람에

싱그러운
초록에
취한 애섧은
가얏고 소리에….

* 송효숙 가야금독주회(2006. 5. 26.)

3부

– 시

산아 산아 계룡산아

산아 산아 계룡산아!(一名 : 新 錦江時代)

작사/김진호
작곡/백성기
노래/김소희

1. 산아- 산아- 계룡산아 민족영산 계룡산아- 4백리를 굽어 도는 수(水)태극에 뿌리내린, 천하명산 계룡산아- 천하명산 계룡산아-
여의주를 입에 물고 숫 용 암용 승천하니, 왜 아니리 천하 명산 국사 봉이 백호 되고, 선인봉은 청용 되니,
용왕님도 좋을씨 구, 백호님도 좋을씨 구- 어미닭이 알을 품듯 도읍지를 품은 산아- 태평성대, 태평성대 품은 산아-

후렴: 무사태평 도읍지를 어이 그리 모르는가? 해가 뜨니 광명천지 달이 뜨니 청풍명월, 산아 산아 계룡산아-

2. 산아- 산아- 계룡산아 민족영산 계룡산아- 천하명당 도읍지로 산(山)태극에 정기 받은, 천하명산 계룡산아- 천하명산 계룡산아-
천황봉에 올라보니 금강줄기 눈에 들고, 제자봉을 내려서니 신도안이 발아랠세- 도읍지도 내 품일세-
천년고찰 신원사에 오층석탑 돌고 돌며, 님 소원도 빌어보고, 공주 갑사 찾아들어, 국태민안 빌어보세- 국태민안 빌어보세-

후렴: 무사태평 도읍지를 어이 그리 모르는가? 해가 뜨니 광명천지 달이 뜨니 청풍명월, 산아 산아 계룡산아-

3. 산아 산아 계룡산아 민족영산 계룡산아 나라걱정 큰 시름을 씻어 주
는 계룡산아 천하명산 계룡산아 천하명산 계룡산아
삼불봉을 휘 돌아서 금잔디를 넘어서니, 울 어머니 날 반기듯, 남매탑
의 오누이가, 나를 그리 반기 누나,
은선 폭포 청강수로 이내 시름 씻어내고, 동학사로 찾아드니 진시황이
그 누구고, 삼천갑자 누구더냐

후렴 : 무사태평 도읍지를 어이 그리 모르는가? 해가 뜨니 광명천지
　　　달이 뜨니 청풍명월, 산아 산아 계룡산아 산아 산아 계룡산아
　　　찾아가세- 찾아가세- 천하명산 찾아가세-
　　　얼수 좋네 절수 좋아, 얼수 좋네 절수 좋아, 산아 산아 계룡산아-

* 이 곡은 신행정수도의 안정적 추진을 소망하는 대전시립연정국악원 송년 음악회
(2005년 12월)에서 초연된 곡임

〈詩作노트〉

산아 산아 계룡산아! 〈일명 : 新 錦江時代〉

易書(鄭鑑錄)는 "송도 5百년에 이씨가 나라를 한양으로 천도하고, 한양 4百년에 정씨가 나라를 錦江에 도읍한다. 山川이 풍부한 신도는 朝野가 넓고 百姓 다스림이 순하여 8百年 도읍의 땅이라 적었다." 〈錦江=鷄龍山. 新都=신도안 -鷄龍山誌에서…〉

그랬다. 易書가 이른 대로 5백년 도읍지라던 송도는 475년 만에 李씨가 나라를 한양으로 천도하였고, 4백년 도읍지라던 한양도 518년 만에 李王朝의 문을 닫게 됨으로써 정치 행정중심의 위용을 갖춘 수도가 한양이라는 '三峰 정도전의 신도가'와 번성하는 한양에 대한 자부심을 노래한 '한산거사의 한양가'도 조선왕조의 몰락(1910년 한일합방)과 함께 그 빛을 잃고 말았다.

王國이었던 조선시대에는 한양, 한성부로, 대한제국(1899. 8. 17 반포) 시대에는 황성으로 불리던, 지금의 수도를 서울이라는 명칭으로 부르게 된 것은 '서울특별시'가 경기도에서 분리(1946년부터)된 이후부터 라는 기록들이 있긴 하지만, 대한민국을 건국(1948. 8. 15)하면서 공식적으로 서울을 수도로 선정했다는 기록은 그 어디에서도 찾아 볼 수가 없다.

미래를 통찰하는 현인들은 지금의 수도 서울이 이미 조선(대한제국)의 쇠락과 함께 지기를 다한 땅이라며 이제는 '민족의 정신적 문화적 혈통을 이어갈 새로운 도읍지'가 필요한 때라고 입을 모으고 있다. 이태조가 쇠락한 송도를 버릴 때에도 기득권층의 반발이 거셌다는데. 정감록이란 易書를 통해 이미 千年 前에 '백성 다스림이 순한 땅'이라 이른 도읍지를 우리는 왜 그리 애써 외면하고 있는 것일까?

이 노래는 '정도전의 신도가' 처럼, '한산거사의 한양가' 처럼, 어미 닭이 알을 품듯 8百年 도읍지를 품은 영산 계룡산을 찬양하는 노래이다. 신 금강시대 예찬론이라고나 할까?

연정 임윤수 선생 영전에

'오천년 보릿고개의 한을 푼다.' 며 모두 떠난 텅 빈 자리를 그리도 강건히 지키시며 서구 물질주의에 홀대받는 우리 음악의 현실을 안타까워한 연정 임윤수 선생님! 당신의 그 천만 근도 더되는 무거운 짐 이제야 훌훌 다 벗으셨습니다.

생전에 그리 노심초사하시던 '국악 계승 발전'이란 과제만 남겨두고 선생께서는 이제 돌아오지 못할 그 먼 길을 떠나셨습니다. 일찍이 문화의 21세기를 예견하신 선각자! 당신께서는 바람처럼 구름처럼 그렇게 저희 곁을 훌쩍 떠나셨습니다.

선생님 당신은 참으로 유별나게 세상에 대한 꾸지람이 많은 분이셨습니다. '촌놈이 천박하게 지랄한다.' 며 너털웃음으로 반기시는 연정선생님! 당신은 살아생전을 그 누구도 그 어떤 일에도 성이 안 차는 그런 외로운 삶을 살다 가셨습니다.

그래서 지인들은 선생님을 '가사불고 처자불고' 하는 괴팍스런 노인네라 부르기도 하였지요. 선생님! 선생께서 떠나가신 빈자리를 느끼고서야 평소 선생님의 꾸지람이 책망이 아니고 사랑이었음을 가슴 깊이 느끼는 까닭은 무슨 연유입니까?

그렇습니다. 선생님의 질펀하고 그 걸쭉한 꾸지람은 늘 기대에 못 미치는 후배들에 대한 재촉이고 성화였다는 걸 이제야 조금 알 듯합니다. 가족은 돌볼 겨를도 없이 자신은 그리 냉정하고 초라한 모습으로 살다 가신 당신이 오늘 따라 더욱 그립습니다.

연정 선생님! 동방예의지국의 버팀목 그 예악사상이 살아 숨 쉬는 한 언젠가는 후손들이 이 땅을 크게 일구어 세계 속에 빛나는 한국을 만들 것이라는 굳은 신념이 아니었던들 어찌 그리 당당하게 국악을 지켜 낼 수가 있었다는 말씀입니까?

선생님! 지금 우리는 사람목숨을 파리처럼 여기는 무지막지한 세상을 살고 있습니다. 돈만 벌면 행복해진다는 개발 년대의 생각이 얼마나 부질없는 짓인지? 혼과 정신이 부재한 삶이 얼마나 헛된 꿈인지를 우린 지금 혹독하게 깨닫고 있는 중입니다.

물질 숭배로 바뀌어 가는 민족의 허황된 모습을 안타까워하며 오로지 민족음악 지킴이로 평생을 다하신 연정 선생님! 당신의 그 고집스런 '국악사랑 철학'이 바로 황금만능을 경계하는 가르침인 걸 그 때는 아는 사람이 아무도 없었습니다.

삼강오륜이 철저하게 무너져 내린 황망한 세상이 되고서야 비로소 선생님 생각이 옳았음을 우리는 지금 절절히 배우고 있습니다. 연정 임윤수 선생님! 당신께서 이곳 한밭 벌에 세운 민족음악의 등대는 아직도 세상 모두를 다 비출 수가 없습니다.

하지만 오늘 당신의 빈소를 찾아 애도하며 그 높은 유덕을 흠모하는 수많은 사회 지도층 인사와 국악인들의 가슴속 태양이 된 당신의 그 큰 뜻은 오늘날 대한민국에 드리워진 물질문명의 어두운 그림자를 모두 걷어 태울 때까지 훨훨 타오르게 것입니다.

당신이 타계하신 8월! 그 작열하는 태양처럼 그렇게 이글이글 말입니다. 연정 선생님! 당신의 소임은 여기까지입니다. 국악 사랑만을 위하여 차라리 자신과 가족들에 대한 돌봄마저 외면했던 선생님의 고단한 이승에서의 삶 이제 편히 접으십시오.

그리고 이제는 고통도 걱정도 없는 극락에서 고이고이 영면하소서…. 못 다한 당신에 대한 사랑과 생전에 돌보지 못한 가족들에 대한 하염없는 사랑만을 위하여…. 삼가, 선생님의 명복을 빕니다.

2004. 8
대전시립 연정국악원장 김진호

* 이 弔辭는 12폭 병풍으로 제작되어 대전시립연정국악원에 영구 보존.

바른 지방자치, 옳은 민주주의

남에 대한 배려가 전혀 없는 각박한 사회! 원칙 같은 건 온데 간데도 없고 인간의 기본 윤리마저 실종된 무법천지를 향해 충남지방경찰청이 정말 힘들고 고독한 불법 무질서와의 전쟁을 치러 냈다.

나는 이 전정이 얼마나 성공적인지!
전리품이 무엇인지에 대해서는 전혀 관심이 없다.
왜냐하면, 너그러운 민족성에 기생하며,
어느새 우리의 일상이 되어 버린 불법무질서가,

경찰이 눈 한번 크게 떴다고,
혼비백산할 일은 애초부터 아니었으니 말이다.

버스전용차선과 인도를 노숙차량에 내어 준 지 이미 오랜데, 국립경찰 혼자서만 불법 무질서와의 전쟁을 수행한다니 결과는 뻔할 뻔자였다.

오죽하면 이케하라 마모루씨가
맞아 죽을 각오를 하고
'한국인 비판'이란 책을 펴냈을까?
한국을 사랑하는 진정어린 충고가 새삼스럽다.

그는, 한때 아시아의 용으로 불리던 한국이
이 지경에까지 굴러 떨어진 이유를 따져 보면,

그 밑바닥에 교통질서도 지키지 않는
추악한 한국 사람들의 얼굴을 발견할 수가 있다며,

한국 정부당국은 국민들의 불만과 요구를 수렴하여,
최대한 합리적인 법을 만들겠다는 의지가 없고,
국민들은 국민들대로 저 따위 법 같지도 않은 걸
지켜서 무얼 하느냐며! 제 멋대로 행동해 버리니!

나라꼴이 제대로 될 리가 없다고 썼다.

지금은 각자가 자기 몫을 알아서 할 때다.
국가도, 지방정부도, 국민 모두도…
그게 바른 지방자치고, 옳은 민주주의다.

新 文明의 相生地 대전!

우리는 가난했지만 선비정신이 면면히 흐르는 오천년 민족문화이었다. 그러던 우리가 언제부턴가? 심각한 통제 불능의 사회로 치닫고 있다.

가난 극복을 국정 최고의 목표로 삼고,
정신적 가치는 먼 훗날 돈을 벌면
생각해볼 일로 방치했던 30년 개발독재의 적폐를,
우리는 지금 뼈저리게 통감하고 있는 중이다.
우리 대전의 실상도 그렇다.

이러한 속사정에도 '문화적 가치가 21세기를 지배 한다.'는 세뮤얼 헌팅턴의 말대로 미래학자들은 지금 세기를 통합할 진리를 찾아 나서고 있다.

그 들은 21세기를 성공시킬 키워드가
성장과 파괴보다는 공존과 상생!
그 리고, 정신적 절제를 무엇보다 중시하는
유교문명권에 있다는 메시지를 보내고 있다.

강성 로마 제국이, 순간 나락으로 몰락한 것처럼 피로 응징하는 서구물질주의엔 더 이상 60억 인류를 이끌 에너지가 없다는 것이다. 왜냐하면 그들은 아직도 20세기 경제패권주의의 신화에서 깨어나지 못하고 있으니 말이다.

인간의 탐욕으론,
넘어설 수 없다는 21세기 격랑의 파고 앞에
우리의 선택은 이제 분명해졌다.
탐욕을 신으로 모시던,
20세기 물질사회를 과감하게 청산하고,

21세기 정신문명의 중심에 설,
야심찬 문화 르네상스를 시작하는 일!
그 길만이 역사를 바르게 이끄는
진리라 믿는 필자는,

21세기 국부창출의 보고! 첨단과학도시 대전을 감히, 새로운 민족문화의 발상지로 추천한다. 지방자치 10년 만에 주민만족도 1위, 지식정보경쟁력 1위 자리에 오른 전통과 첨단과학이 함께 어우러진 대전을….

우연인지 필연인지,
어느 대학교수 논문에서 밝힌
남자는 너그럽고 지적이며,
여자는 인자하며 고상하다는
대전인 얼굴에 대한
예사롭지 않은 평가 또한,

꿈의 도시 대전을,
새로운 문명의 상생지로 지목케 하는
확실한 물증이 아니던가?
만년동 1번지엔 문화예술의 전당이
문화동 1번지엔 국악의 전당이

지금 저리도 뜨겁게! 뜨겁게! 달아오르고 있지 않은가? 현해탄을 넘어, 오대양 육대주를 향하여…, 대한민국의 21세기 新중심도시로 우뚝 서 기위하여….

우주의 영속(永續)을

더 이상 오를 데가 없습니까?
여기가 정상입니까?
이 민족이 오천 년을 찾아 헤멘 정상이 여기란 말입니까?
여기는 결코! 우리가 멈추어 설 자리가 아닙니다.
9백여 차례의 외침을 물리친, 작지만 강한 나라!
대한민국이 21세기에 존재하는 이유가 무엇이더이까?

인류의 생존이유를
정신적 가치에서 찾고 있는,
동북아 유교문명권에서
21세기 지구촌을 아우를 것이라는,
인류학자들의 통찰력에서…
우리민족의 희망이 일렁이고 있지를 않습니까?

저리도 족보 뭉치를 대물림하며…
이 세상 어느 누구보다
우주의 영속을 염원하는 배달겨레가…
언젠가는 지구촌의 주인일 것이라는
그런 희망의 메시지가 말입니다.

어쩌자고 우리는
과거 망상중을 그리 떨쳐버리질 못하는 겁니까?.
어째서 남의 사랑은 불륜이고,
내 불륜은 로맨스라 그리 우기는 것입니까?

지금은 등 따숩고 배가 불러,
세상 부러울 게 하나 없어 보이지만,
앞으로도! 뒤로도!
한 발짝도 떼지 못하는 바로 이 순간이!
화롯불에 담긴 불은, 쑤석거리면 꺼진다는
사랑방 진리를 명심할 때인 듯하옵니다.

이젠 철든 정치를 할 때다

우리 정치는 유치원생들 싸움 같다.
떼를 쓰고 억지를 부리는 게 애들 싸움이다.
차근차근 따져 보면 정작 싸울 이유가 없는데,
우리 정치에선 그런 여유조차 찾아볼 수가 없다.
정부와 여당도, 야당도! 언론도! 시민 단체도!
나라를 잘되게 하려는 게 정치다.

그런데 유독 정치 마당에만 서면
너나 할 것 없이 왜 모두 딴청인지 모르겠다.

한 발짝 물러서서 생각해보면,
정작 싸울 일도 아닌 사소한 일을…
왜 그리 목숨 걸고 싸우는지 그걸 모르겠다.
정작 해야 할 일은 산더미처럼 두고,
자기네 편을 위한 싸움질만 한다.
이젠! 초등학생들도 다 아는 사실이다.

그런데, 항차 나라를 위한다는 자들만
어찌 그리 우물 안 개구린지 모르겠다.

감정이 앞서면 이성적 판단은 어렵다.
그래서 합리적인 사람들은

서로 다른 견해를 확인하고,
서로의 이성에 호소하는 논리로 타협한다.
이렇듯 민주주의는 理性의 정치이다.
그리고 책임 정치다.

생각이 서로 다른 사람이 공존하는 방법을
제도화한 것이 오늘의 민주주다.

근대국가가 해야 할 일은 대체로 정해져 있다.
국제사회에서 나라를 안전하게 지키는 일!
자국의 민주 체제를 수호하는 일!
고른 교육 기회제공과 일자리를 확보해주는 일!
보건, 환경, 교통 등 사회질서를 바로 삽는 일 또한
국가가 해결해야 할 중대한 책무다.

그리고, 국민 모두가 고른 복지 혜택을 누리며
자기 보람을 찾도록 해주는 일 등이 그 것이다.
그러나 정부도 신이 아닌 이상,
삼천리금수강산을
하루아침에 지상낙원으로 만들 수 없는 노릇이다.
최선을 다하면 우선 책임을 다하는 것이다.

만일 정부가, 이런 일을 할 생각도 없고,
일을 해내지도 못한다면 그것이 문제인 것이다.

지금 참여 정부는 무엇을 하고 있는가?
또한 무엇을 하려 하는가?

IMF극복을 위해 몸부림쳤던,
국민의 정부 때보다 딱히 형편이 나아진 게
뭐라고 국민들에게 내 세울 수가 있는 것인가?
정치인 당신들이 그리 깔보며 얕잡는
저자거리 백성들 정치수준이,
당신네보다 한 수 위인 걸 왜 모르는가?

내 생각만 옳다는 단세포 정치로는
더 이상 개혁피곤증인 국민들을 달랠 수가 없다.

지금 이 땅에선
민주주의가 병들어가고 있음을 통감해야 한다.
민주주의는 혁명적으로 이룰 수가 없다.
민주주의는 타협의 미학이기 때문이다.
정치권은 이제 타협의 미학을 좀 배워야 한다.
그리고 이젠! 철든 정치를 할 때도 됐지 않은가?

민주주의 흉내를 낸 지…
어느덧,
60년이란 세월도 흐르지 않았던가?

「政」字도 모르면서 정치를…

민주주의는 정당정치가 기본이다.
정당정치가 잘 되는 나라가 민주국가라는 말이다.
우리의 정치는 치졸하기가 그지없다.
국가의 백년대계는 엄두도 못 내면서…
전혀 소득 없는 독설들만 쏟아 놓고 있다.
이것이 우리나라 정당정치 현주소다.

싸우는 것이 정당정치고,
우기는 것이 민주주의라면 할 말은 없다.
잠자던 소가 웃을 일이다.
민주주의는 바른 정치 토양에서만 자란다.
민주주의가 연꽃처럼 진흙탕에서도
피어날 거라 생각하면 큰 오산이다.

우리의 정당 정치는, 민주주의는,
광복 이후부터 지금까지 65년이 전부다.
이렇듯 짧은 역사에도
이승만 대통령의 자유당과,
5.16 혁명으로 탄생한 민주 공화당,
민주정의당들은 늘 집권당 들러리만 섰다.

그러다 보니 우리의 정당정치는
제대로 될 틈조차 없었기에
독재 정권을 청산한 그 이후부터는
정당정치가 좀 제대로 됐어야 했다.
그런데 실상은 그렇지가 못하다.

정치가 오히려 국민의 짐이 되었다.
구태 정치를 청산한다며,
상향식 정당으로 체질을 바꿨는데도
정치형태는 크게 달라진 것이 없다.

굳이 달라진 걸 꼽으라면,
고 비용 저 효율 정치의 구조를 타파한다고
지구당을 폐지한 것 말고는 말이다.
교과서적이라 할 테지만,
정당정치의 본질은 정강 정책을 실현할
통치 기반을 마련하는 일이다.
신뢰받는 정당 활동으로
수권 능력을 키우는 일,
그것이 곧 민주주의의 실현인 것이다.

미래를 발목 잡는 과거 청산도 중요하고,
국가의 정체성 확보도 중요하다.
이를 위한 개혁은 무엇보다 더 중요하다.
하지만 올바른 민주주의를 위해서

우리는 이쯤에서,
한국의 정당정치가 왜 이리 엇나가고 있는지?
무엇 때문에 우리는,
상생의 정치를 할 수가 없는 것인지?
그 연유를 좀 따져 봐야 할 것만 같다.

천문학적인 정치자금이 뿌려지는
미국의 정당정치를 내 놓고
부러워할 일은 아니다.
하지만,
정당정치에 관한 한 그들이 부럽다.

미국의 공화당은 보수를
그리고, 민주당은 개혁을 표방한다.
200년이 넘는 정당사에도
그 들은,
정당 이름 한 번도 바꾼 적이 없다 .

그리고 그들은
정책 대결로만 정권을 주고받는다.
정당정치에 관한 한
타협할 줄 아는 그들이 부럽다.

창당 10년을 넘긴 정당 하나가,
제대로 없는 우리로서는
당원들이 낸 당비로 살림을 꾸리고,
사회적 여론과 이슈를…

정당이라는 용광로에서
융합해 내는
그들의 교과서적인 민주주의가
마냥 부럽고 존경스럽다.

그렇다. 정당은,
국민과 정부를 연결하는 통로다.
정당은 사회집단의 이념을,
정치활동으로 전환할 능력을 보유해야 한다.

그리고 정당은,
국민의 정책 집합을 상시 유지해야 한다.

이 두 가지가 정당의 생명력이고,
참 민주주의를 가꾸는 정치의 기본이다.

정당이 선거를 위한 도구라 생각하면
그것은 이미 민주주의를 포기한 거다.
민주주의를 성공시킨 그들은,
정치 그 자체보다
정당의 이념을 더욱 소중히 여긴다.

그들은 민주주의와
정당정치의 가치를 바로 안다.
그래서 그들은 정당정치로
사회갈등을 봉합하고,
우리는 정당정치로 사회 갈등을 유발한다.

이것이 정치선진국과 후진국의 차이다.

4부

– 칼럼

금산은 대한민국 건강특구다

청정금산의 미래는 어쩌자고 이러는가?

　사람의 목숨을 파리처럼 여겼던 20세기 물질사회에 대한 반성과 함께 정신문명의 새로운 지평을 여는 문화의 세기를 살아보고서야 비로소 건강이라는 화두를 재인식한 지구촌은 지금 감히 '신에 대한 도전'으로 불리는 줄기세포 배양을 실현할 만큼 건강 제일주의에 올인하고 있다. 하지만, 21세기 과학에도 인류가 꿈꾸는 고통도 질병도 없는 세상은 요원한 한 채 미래학자들은 산업사회(industrial society)를 기준으로 그 이전을 생존사회! 그 이후를 여가사회로 분류하고 있다.

　양적인 성장을 주도한 산업사회가 인류를 가장 피폐하게 만든 시절로 회자되어지면서 '인간이 얼마만큼 건강한 삶을 영위할 수 있을까?'하는 문제를 사회적 가치로 여기는 여가사회를 맞이하면서 지구촌은 지금 삶의 질이 얼마나 높아지고 고급화되었는가 하는 문제로 사회적 이슈를 집중하고 있다. 인간의 생로병사문제가 이처럼 지대한 관심사로 대두되면서 천연약재를 이용한 건강산업 또한 대체의학차원의 신 성장산업으로 급부상하고 있다.

　BC 4세기경부터 이미 천연생약재로 각광 받아왔던 인삼의 약리작용과 효능이 과학적으로 속속 입증되면서 21세기 과학은 이제 생명공학차원의 인삼제품개발에 박차를 가하고 있다. 타국의 인삼보다 일조량이 50일 가량 더 긴 탓에 우리나라 인삼은 일찍이 인류의 영약으로 그 성가가 높았다. 한방의서의 원본으로 불리는 중국의 신농본초경(神農本草徑)에서조차 품질 좋은 인삼은 주로 고구려에서 들어온다고 적었을 만큼 고려인삼은 그 유서가 매우 깊다.

'독이나 습관성이 전혀 없고, 인체의 항상성 유지에 효과가 탁월하다.'는 고려인삼의 성가에도 불구하고, 우리나라 인삼산업은 1990년대 초반부터 사실상 침체국면을 벗어나지 못하고 있는 실정이다. 외국산 인삼의 저가물량공세와 내수부진 등으로 1990년에 1억 달러를 상회하던 수출물량이 크게 감소하고 대외경쟁력마저 약화되면서 한때는 세계시장을 쥐락펴락했던 대한민국의 인삼산업은 지금 그 농업기반마저 붕괴될 심각한 위기상황에 직면하고 있다.

그랬다. 지난 100여 년 동안 대한민국의 healing산업을 주도했던 금산의 인삼산업은 지금 위기다. 돌이켜보면 우리 금산은 인삼산업의 흥망성쇠와 영욕을 함께 해온 아주 특별한 지역이다. 일찍이 1923년부터 금산인삼조합을 창설하고 인삼경작농민 자력으로 '금산곡삼'이라는 브랜드를 만들어서 국내외 인삼시장을 선점하면서부터 우리 금산은 자타가공인하는 부촌의 반열에 올랐고, 지방에서는 대학졸업자들이 가장 많은 도시라는 자랑스러운 닉네임도 챙길 수가 있었다.

70~80년대까지만 해도 금산은 TV와 오토바이가 가장 많이 팔리는 부자 동네로 통했다. 시쳇말로 빵빵하게 잘나가던 금산이었다. 그런데 지금은 변해도 너무 변했다. 한때 13만 군민을 자랑하던 금산 인구는 반 토막이 난 지 이미 오래고 장날이면 문전성시를 이루던 인삼시장도 예전처럼 활기가 없다. 정부의 홍삼위주 정책에 밀려 늘 변방일 수밖에 없었던 처지에서도 1,500년 고려인삼(백삼)의 역사를 굳건히 지켜낸 금산인데 어쩌다 왜 이지경이 되었는지 모르겠다.

금산인삼시장은 우리나라에서 생산되는 인삼의 80% 이상이 거래되는 인삼집산지로 유명세가 아주 높다. 년 간 금산에서 거래되는 인삼가격을 따져보면 가히 천문학적이다. 그런데도 금산군 재정자립도는 여전히 20% 수준이다. 상황이 이쯤 되면 금산군이 올인하고 있는 인삼축제에 문제가 없는지 좀 따져 봐야 할 일이다. 우리 금산 선조들은 이미 91년 전에 금산인삼을 healing산업으로 접목한 선구자였다. 그런데 더 많이 배우고 잘난 우리들은 지금 무슨 짓거리를 하고 있는지 말이다.

　　침체된 국내 인삼산업의 활성화뿐만 아니라 신비(神秘)의 고려인삼의 가치를 재발견하는데 크게 공헌할 것이라는 부푼 꿈을 안고 2006 '금산세계인삼 EXPO'를 치러낸 지도 어언 8년이란 세월이 지나고 있다. 10년이면 강산도 변한다는데, 그런데도 아직 이렇다 할 인삼산업 회생방안을 마련하지 못하고 다람쥐 쳇바퀴 돌리듯 매년 인삼축제만 거듭하고 있는 금산군에 묻는다. 인삼축제가 금산의 미래를 담보할 유일한 해법이고, 인삼산업을 살려낼 수가 있는 묘책이냐고 말이다.

　　전술한 바와 같이 21세기 시대정신은 여가사회다. 여가사회를 다른 말로 바꾸어 말하면 '건강하고 행복한 세상'이다. 그렇다. 지금 60억 지구촌의 화두는 바로 건강한 미래를 소망하는 healing이다. 이제 우리 금산의 선택지는 더욱 분명해졌다. 우리군의 천혜적 특성인 인삼약초산업을 세계인의 눈높이에 맞는 healing산업으로 연동시키기만 하면 될 일인데 사포닌 성분 세계제일이라는 금산인삼산업은 내팽개쳐 두고 공장유치에만 몸부림치는 금산군의 속내를 알다가도 모를 일이다.

　　세수를 늘린다는 미명하에 2년간 무려 400여 곳에 달하는 임야를 파헤치면서 무기화학물질 제조업체, 의료폐기물소각장, 혐의시설인 납골당(서울 5개 구청 유골안치시설)까지도 쌍수를 들어 환영하는 금산군이 어떻게 '금산이 아름답다'는 캐치 플레이를 내걸고 있는지 모르겠다. 지난 8월 발생한 렘테크놀리지 불산 유출사고에 피폭당한 조정리 주민들은 불안에 떨고 있는데, 허가권자인 금산 군수는 차라리 배를 째라며 이를 애써 외면하고 있다. 금산 군민 스스로가 자각해야 할 이유다.

주지하시는 바와 같이 금산은 신이 내린 축복이 둘이 있다. 하나는 대한민국에서 두 번째 가라면 서운할 만큼 정갈하고 아름다운 금산의 산하이고, 또 다른 하나는 인류의 영약이라는 금산 인삼이다. 어디 그뿐인가? 금산사람 특유의 바지런함으로 일궈놓은 전국 최고의 약초시장 또한 빼놓을 수 없는 금산군의 또 다른 축복이지 않는가? 중국인들에겐 필수품이었던 고려인삼을 오랜 세월 외면하면서 침묵하던 중국이 드디어 한국인삼으로 눈길을 돌리고 있다.

그렇다. 더 건강하고 더 행복하기를 바라는 여가사회(餘暇社會)와 함께 도래한 healing산업, 10억 인구를 훨씬 넘는 중국 특수가 그 끝이 보일 것 같지 않던 인삼산업의 서광으로 다가서고 있다. 그렇다. 지금은 모처럼 감지되고 있는 금산의 영광을! 과연 누가 어떻게 준비해야 할 것인가를 심각하게 고민해야 할 때다. 그렇다. 청정금산이라는 이미지 하나가 5만4천여 금산 군민을 먹여 살릴 유일한 방도이기 때문이다.

〈충청남도 의회의정(농업, 지역경제, 환경) 자문위원 김진호〉

금산은 대한민국 건강특구다

　사람의 목숨을 파리처럼 여겼던 20세기 물질사회에 대한 반성과 함께 정신문명의 새로운 지평을 여는 문화의 세기를 살아보고서야 비로소 건강이라는 화두를 재인식한 지구촌은 지금 '감히 신에 대한 도전'으로 불리는 줄기세포 배양을 실현할 만큼 건강 제일주의에 올인하고 있다. 하지만, 21세기 과학에도 인류가 꿈꾸는 고통도 질병도 없는 세상은 요원한 한 채 미래학자들은 산업사회(industrial society)를 기준으로 그 이전을 생존사회! 그 이후를 여가사회로 분류하고 있다.

　양적인 성장을 주도한 산업사회가 인류를 가장 피폐하게 만든 시절로 회자되어지면서 인간이 얼마만큼 건강한 삶을 영위할 수 있을까하는 문제를 사회적 가치로 여기는 여가사회를 맞이하면서 지구촌은 지금 삶의 질이 얼마나 높아지고 고급화되었는가 하는 문제로 사회적 이슈를 집중하고 있다. 인간의 생로병사문제가 이처럼 지대한 관심사로 대두되면서 천연약재를 이용한 건강산업 또한 대체의학차원의 신 성장산업으로 급부상하고 있다.

인류의 영약으로 성가 높은 금산 인삼

　BC 4세기경부터 이미 천연생약재로 각광 받아왔던 인삼의 약리작용과 효능이 과학적으로 속속 입증되면서 21세기 과학은 이제 생명공학차원의 인삼제품개발에 박차를 가하고 있다. 타국의 인삼보다 일조량이 50일 가량 더 긴 탓에 우리나라 인삼은 일찍이 인류의 영약으로 그 성가가 높았다. 한방의서의 원본으로 불리는 중국의 신농본초경(神農本草徑)에서조차 품질 좋은 인삼은 주로 고구려에서 들어온다고 적었을 만큼 고려인삼은 그 유서가 깊다.

'독이나 습관성이 전혀 없고, 인체의 항상성 유지에 효과가 탁월하다.'는 고려인삼의 성가에도 불구하고, 우리나라 인삼산업은 1990년대 초반부터 사실상 침체국면을 벗어나지 못하고 있는 실정이다. 외국산 인삼의 저가물량공세와 내수부진 등으로 1990년에 1억 달러를 상회하던 수출물량이 크게 감소하고 대외경쟁력마저 약화되면서 한때는 세계시장을 쥐락펴락했던 금산인삼과 인삼산업은 지금 그 농업기반마저 붕괴될 심각한 위기상황에 직면하고 있다.

그랬다. 지난 100여 년 동안 대한민국의 힐링 산업을 주도했던 금산의 인삼산업은 지금 위기다. 돌이켜보면 우리 금산은 인삼산업의 흥망성쇠와 영욕을 함께 해온 아주 특별한 지역이다. 일찍이 1923년부터 인삼경작 농민 자력으로 금산인삼조합을 창설하고 '금산곡삼'이라는 브랜드를 만들어서 국내외 인삼시장을 석권하면서부터 우리 금산은 자타가 공인하는 부촌의 반열에 올랐고, 지방에서는 대학졸업자들이 가장 많은 도시라는 자랑스러운 닉네임도 챙길 수가 있었다.

70~80년대까지만 해도 금산은 TV와 오토바이가 가장 많이 팔리는 부자 동네로 통했다. 시쳇말로 빵빵하게 잘나가던 금산이었다. 그런데 지금은 변해도 너무 변했다. 한때 13만 군민을 자랑하던 금산 인구는 반 토막이 난 지 이미 오래고 장날이면 문전성시를 이루던 인삼시장도 예전처럼 활기가 없다. 정부의 홍삼위주 정책에 밀려 늘 변방일 수밖에 없었던

처지에서도 1,500년 고려인삼(백삼)의 역사를 굳건히 지켜낸 금산인데 어쩌다 왜 이지경이 되었는지 모르겠다.

공해 공장 유치 올인하는 금산군

금산은 우리나라에서 생산되는 인삼의 80% 이상이 거래되는 인삼집산지로 유명세가 아주 높다. 금산에서 년간 거래되는 인삼가격을 따져보면 가히 천문학적이다. 그런데도 금산군의 재정자립도는 여전히 20%수준이다. 상황이 이쯤 되면 금산군정이 제대로 작동되고 있는지를 좀 따져봐야 할 일이다. 우리보다 배움이 훨씬 부족했던 선조들은 이미 91년 전에 금산인삼을 힐링산업으로 접목한 선구자였다. 그런데 더 많이 배우고 잘난 우리들은 지금 무슨 해괴한 짓을 하고 있는지 말이다.

침체된 국내 인삼산업의 활성화뿐만 아니라 신비(神秘)의 고려인삼의 가치를 재발견하는데 크게 공헌할 것이라는 부푼 꿈을 안고 2006 '금산세계인삼EXPO'를 치러낸 지도 어언 8년이란 세월이 지나고 있다. 10년이면 강산도 변한다는데, 그런데도 아직 이렇다 할 인삼산업 회생방안을 마련하지 못하고 다람쥐 쳇바퀴 돌리듯 매년 인삼축제만 거듭하고 있는 금산군에 묻는다. 인삼축제가 금산의 미래를 담보할 수 유일한 해법이고, 인삼산업을 살려낼 수가 있는 묘책이냐고 말이다.

전술한 바와 같이 21세기 시대정신은 여가사회다. 여가사회를 다른 말로 바꾸어 말하면 '건강하고 행복한 세상'이다. 그렇다. 지금 60억 지구촌의 화두는 바로 건강한 미래를 소망하는 힐링이다. 이제 우리 금산의 선택지는 더욱 분명해졌다. 우리군의 특산품인 인삼약초산업을 세계인의 눈높이에 맞는 힐링산업으로 연동시키기만 하면 될 일이다. 그런데 사포닌 성분 세계제일이라는 금산인삼은 내팽개치고 공해 공장유치에 올인하는 금산군의 비전도 철학도 없는 행정행태가 문제다.

잉걸불에 휘발유 붓는 금산군수

세수 확충이라는 미명하에 2년간 무려 400여 곳에 달하는 임야를 파헤치면서 무기화학물질 제조업체 혐오시설인 납골당도 쌍수를 들어 환영하는 금산군이 어떻게 '금산이 아름답다'는 캐치 플레이를 내걸 수가 있는지 도대체 그 속내를 모르겠다. 지난 8월에는 군북면 소재 화학공장에서 불산 유출사고가 발생했다. 피폭당한 주민들은 이전대책을 촉구하고 나섰지만, 금산 군수는 오히려 의료폐기물소각장 허가를 검토하고 있다는 전언이다. 차라리 잉걸불에 휘발유를 퍼부었음이다.

의료폐기물소각장 반대 비상대책위원회는 지난 달 금산 군수를 면담하고 의료폐기물소각장이 금산군으로 들어오는 것을 막아달라고 호소하면서 의료폐기물소각장을 불허가 처분했다가 사업체로부터 피소 당한 논산시, 상주시, 양산시가 대법원에서 승소한 사례(주민의 환경권을 보호한 군수의 행정행위는 적법하다.)까지 소개했다. 하지만 금산 군수는 '군수가 무슨 힘이 있느냐?'며 다소 어정쩡한 답변을 늘어놓았다. 나는 이 분이 우리가 직접 뽑은 금산군수가 맞는지…, 순간, 머리가 띵했다.

금산은 대한민국 건강특구다.

대한상공회의소가 전국 6,200여 개 기업을 대상으로 전국 기초단체의 '2014년 기업환경순위 및 전국규제지도' 조사 결과에서, 충남 논산시가 전국에서 기업하기 가장 좋은 도시로 선정됐다. 지역주민에게 해악을 끼칠 우려가 있는 의료폐기물소각장을 단호하게 불허가처분하면서도 전국에서 가장 기업하기 좋은 도시로 선정될 수 있는 논산시의 자치역량이 존경스럽다. 금산 군수는 내리 3선한 중량급 군수이고, 논산시장은 2선째인데, 달라도 어찌 그리 다를 수가 있을까? 논산시가 정말 부럽다.

주지하는 바와 같이 금산은 신이 내린 축복이 둘이 있다. 하나는 대한민국에서 두 번째가라면 서운할 만큼 정갈하고 아름다운 금산의 산하이고, 또 다른 하나는 인류의 영약이라는 금산 인삼이다. 어디 그뿐인가? 금산사람 특유의 바지런함으로 일궈놓은 전국 최고의 약초시장, 추부깻잎 또한 빼놓을 수 없는 금산의 축복이지 않던가? 그렇다. 이쯤 되면 우리 금산군의 캐릭터는 마땅히 대한민국 최고의 건강특구다. 한낱 서생의 생각도 이런데, 유독, 내리 3선 민선군수만 딴청이시니 환장할 노릇이다.

〈일흔이재의료폐기물소각장 비상대책위원회 고문 김진호〉

금산 불산 누출사고 솜방망이 처벌이 원죄
— 불산누출공장 대표 등, 과실 치상혐의로 입건

지난 6월 4일 100kg의 불산 누출 사고를 낸 (주)램테크놀리지 대표이사와 공장 관계자 4명이 업무상 과실치상 혐의로 금산경찰서에 입건됐습니다. 이들은 공장 설비를 주기적으로 점검하여 사고를 예방해야할 의무가 있음에도 불구하고 이를 제대로 이행하지 않은 혐의와 불산 누출로 다수의 마을 주민들에게 부상을 입힌 혐의입니다.

국립과학수사연구원의 조사에서 이들의 책임은 이미 충분히 입증됐기 때문입니다. '국과수'에 따르면 공장 내부 탱크에서 이동식 차량 탱크로 불산을 옮기면서 수동으로 공기압을 조작하는 과정에서 순간적으로 강한 압력이 들어가 발열판이 녹은 것 때문이며, 파이프 내의 설비가 노후화된 것이 사고원인으로 드러났기 때문입니다.

'국과수'가 밝힌 관리부실도 손사레 치는 악덕기업

'국과수'는 이 설비가 1년 이내에 교체를 했어야 했지만, 교체 시기가 늦어진 것으로 보고 있습니다. 이에 대해 "이들은 고의성 사고가 아니라고 항변을 하고 있습니다." 하지만 금산경찰서는 고의 여부와 관계없이 조정리 주민들의 피해와 공장 관리부실 책임을 물어 곧바로 이들의 신병을 검찰에 송치할 예정이라고 밝혔습니다.

앞서 지난 2014년 8월 과거 누출 당시에도 공장 대표는 누출에 대한 책임으로 재판에 넘겨져 원심과 항소심에서 각 벌금 500만~1000만 원을 선고 받았었고, 공장도 유해 화학물질 관리법 위반 혐의가 적용돼 벌금 300만 원이 선고된 적이 있습니다. 그렇습니다. 조정리 주민들은 이 공장으로부터 연례행사처럼 화생방사고를 당하고 있습니다.

마을 주민들, 지금도 불면증 호소하며 패닉상태

이번 사고로 4박5일 동안 학교강당으로 피신을 했다가 돌아온 마을 주민들은 지금 패닉상태입니다. 지금도 노약자들은 어지러움증과 불면증을 호소하고 있습니다. 이 곳 조정리 주민들은 불산 누출사고로 입은 인적 피해도 문제지만, 토양오염에 의한 농작물 피해에 따른 경제적 손실을 우려하며 불산 공장 이전(폐쇄)을 촉구하고 있습니다.

정부는 다섯 명이 사망한 2012년 구미 불산 사고에 따른 국민들의 불안감을 해소한다며 2013년 7월 '화학 물질 안전관리 종합대책'을 발표했었습니다. 그럼에도 불구하고 조정리 (주)램테크놀로지 불산 사고는 해를 거듭할수록 규모가 점점 더 커져가고 있습니다. 정부의 화학물질 안전관리대책이 크게 의심받고 있는 이유입니다.

금산 불산누출사고, 정부가 단단히 한몫을 했다

국토 이용에 관한 법률에 따르면 이곳 군북면 조정리는 계획관리지역으로 애시 당초부터 유해화학물질공장이 들어서지 못하는 지역이었습니다. 화학산업단지에 입주를 했어야 할 (주)램테크놀로지가 이곳으로 입주하게 된 가장 큰 이유는 열악한 지방재정을 돕겠다며 정부가 규제개혁을 너무 풀었던 탓으로 보고 있습니다.

금산군재난예방위원회가, 100kg도 훨씬 넘는 이번 불산 사고를 주목하는 이유는 2014년 8월에 사고를 낸 불산 공정에 대한 환경당국의 적정 통보를 받고 불과 6개월 만에 또다시 대형 사고를 냈다는 점입니다. 환경당국이 조금만 더 촘촘하게 안전관리대책을 강구했더라면 아마도 이번 사고는 절대 일어날 리가 없는 사고였다는 주장입니다.

따지고 보면, 환경당국 솜방망이 처벌이 원죄

한 번의 사고는 과실로 볼 수가 있습니다. 그러나 3년 만에 네 번째 발생한 지난 6월 4일 조정리 불산 누출 사고는 분명 인재입니다. 그렇습니다. 이번 사고는 안전관리능력이 전혀 없는 칠칠맞은 기업과 환경당국의 적당주의가 만든 인재(재난)가 분명합니다. 이번 사고의 원죄는 늘 솜방망이 처벌로 환경재앙 내성만 키워온 환경당국이라는 말씀입니다.

6만여 금산군민의 공분을 사고 있는 이번 조정리 불산 누출사고를 정부와 환경당국이 또다시 단순사고로 처벌하면서 어물쩡 넘겨 버리려한다면 큰 오산입니다. 이번만큼은 정부와 환경당국이 완벽한 해법(공장이전 또는 폐쇄)을 내놓아야 합니다. 그 길이 백척간두로 내몰린 100여 명의 조정리 주민들의 유일한 생존방법이기 때문입니다.

'안전제일' 시대정신 잃은 환경부장관 책임 물어야

이번에는 반듯이 '안전제일'이라는 시대정신을 잃은 환경부장관의 책임을 물어야합니다. 국가와 지방자치단체는 국민의 생명 및 신체의 안전을 최우선적으로 고려함으로써 재난으로부터 국민을 안전하게 보호하겠다는 '재난 및 안전관리기본법' 제2조의 기본이념을 법정신을 환경관련법으로 구체화시키지 못한 엄중한 책임 말입니다.

그렇습니다. 환경부장관은 재난으로부터 국민의 생명 및 신체의 안전을 지키는 일을 최우선해야 합니다. 그럼에도 불구하고 환경부는 3년에 무려 네 번씩이나 화생방사고를 내고 있는 악덕기업을 솜방망이 처벌만 하고 있습니다. 정부 스스로가 '재난 및 안전관리 기본법'에서 요구하는 기본이념을 포기했다는 비판을 받아 마땅한 대목입니다.

결국, 민낯으로 들어난 환경부장관의 소극행정

박근혜 대통령께서는 세월호 사고 이후 '국민의 안전을 최우선하겠다.'고 입버릇처럼 말씀하셨습니다. 하지만, 정작 이를 뒷받침해야할 환경부장관은 이에 대한 완벽한 후속 조치를 강구하지 못했습니다. '국민안전'에 방점을 두겠다는 대통령의 뜻을 환경부장관이 사실상 거역한 셈이지요. 박근혜 대통령께서 소극행정에 대한 환경부장관을 엄중 문책해야 할 이유입니다.

금번, 사고조사과정에서 밝혀진 7가지 위반사항(운반 계획서 미제출, 운반관리대장 미작성, 자체점검대장 미작성, 사고대비 물질 관리기준 위반, 위해관리계획서 거짓 제출, 위해관리계획에 따른 응급조치 미이행, 화학사고 즉시 신고규정 위반)은 환경부가 그동안 유해화학물질공장 지도감독을 제대로 하지 못했다는 정황증거이자 시인서로 백일하에 드러나지 않았습니까?

기업주, 미필적 고의에 의한 살인미수죄 물어야

국립과학수사연구소는 이번 불산 누출사고는 1년 이내에 교체해야 할 설비교체 지연으로 발열판이 녹은 탓이라고 밝혔습니다. '국과수' 지적대로 이 업체의 안전 불감증은 정말 심각합니다. 2014년 8월 불산 사고 18개월 만에 또 사고를 저질렀으니 말입니다. 그렇습니다. 지금까지 정황증거로 보면 미필적 고의에 의한 살인미수행위입니다.

이번에는 반듯이 악덕기업주를 엄벌하고 상습적으로 불산 누출사고를 낸 (주)렘테크놀리지를 조정리에서 퇴출시켜야 마땅한 이유입니다. 안전불감증에서 비롯된 이번 사건은 '국민의 안전'을 늘 입버릇처럼 천명하신 박근혜 대통령이 그 답을 내놓으셔야 합니다. 보건복지부장관은 애완견 학대가 심하다는 TV동물농장 보도가 있은 후 즉시 그 대책 마련을 위한 전수조사를 한 바가 있습니다.

유해화학물질공장 농촌지역 방치, 더 이상 안 돼

조정리 주민들이 보건복지부장관을 한없이 부러워하는 이유입니다. 존경하는 박근혜 대통령님 불산 누출사고로 장장 3년 세월동안 가슴앓이를 하고 있는 이곳 조정리도 분명히 대한민국 땅입니다. 그리고 주민들도 선량한 대한민국 백성입니다. 환경부장관은 왜 무엇 때문에 조정리 주민들을 개만큼도 취급하지 않고 있는 것인지? 단호히 그 책임부디 물어 국무위원 소극행정을 근절해야 합니다.

박근혜 대통령님께 호소합니다. 이번 6월 4일 이곳 조정리 불산 누출사고를 기점으로 농어촌지역에 더 이상 방치해서는 안 될 유해화학물질공장들에 대한 전수조사와 그에 대한 조속한 이전대책 마련을 다시 한 번 강력하게 촉구합니다. 만에 하나 정부가 이를 해태한다면, 역시는 박근혜 정부를 앙화(殃禍 : 지은 죄의 앙갚음으로 받는 온갖 재앙)를 스스로 자초한 무능한 정부로 기록 하게 될 것입니다.

〈충청남도의회의정(농협, 지역경제, 환경) 자문위원 김진호-디트뉴스24〉

부처 간 이중규제로 망해가는 인삼산업
― 농수산식품부는 농산물로, 보건복지부는 한약재로 규제

인삼산업 자력성장 저해하는 한심한 정부

인삼을 특산물로 보호·육성하고 인삼산업의 건전한 발전에 이바지함을 목적으로 제정된 인삼산업법〈1998. 1. 1. 시행〉에 의거 그간 대한민국을 대표하는 농산물로 각광받던 '인삼'을 보건복지부가 이를 한약재 수급안정과 유통질서를 확립할 목적으로 제정된 '한약재수급 및 유통 관리규정'〈보건복지부고시 제2006-69호〉에서 한약재로 적용하면서 규제까지 강화해 버렸다.

인삼이라는 한 가지 농산물을 두고 '농수산식품부는 농산물'로 '보건복지부는 한약재'로 적용하는 등의, 애매모호한 행정규제는 대한민국 인삼산업을 살릴 마지막 기회가 될지도 모를 '국가중요농업유산 제5호'인 금산인삼농업을 세계문화유산으로 전승시켜 갈 동력마저 상실할 위기에 직면하고 있어 이의 개선대책(규제완화, 육성방안 등)마련이 매우 시급한 실정이다.

그럼에도 1500년 고려인삼을 지킨 인삼경작인들

대한제국(고종36년) 궁내부 내장원에 삼정과가 설치(1899년)된 이후 정관장이라는 브랜드를 내세우고 정부가 홍삼위주정책에만 올인하는 바람에 금산 곡삼, 풍기 반곡삼, 강화 직삼 등 기타 인삼산업은 사실상 자력성장을 해나갈 마땅한 방도가 없었다. 홍삼시장잠식을 우려하는 정부가 골육지책으로 1972년 제정하였던 '인삼산업규제에 관한 법률' 때문이라

는 지적이 팽배했었다.

그렇다. 1997년까지 전매청이 민영화될 때까지 무려 98년 동안을 대한민국정부는 일구월심 홍삼정책에만 매달렸던 게 사실이다. 고려인삼의 고귀성이 세계로 널리 알려지면서 고려중엽 이후부터 개성은 중국과의 교역, 국제시장의 다변화를 통해 고려인삼의 집산지로서의 위상을 확보하자 인삼경작자들은 1910년 개성인삼조합을 설립하고 국내외로 백삼시장의 외연을 넓혀 나갔다.

인삼산업은 전매청이 있을 때가 훨씬 좋았었는데

조선총독부는 급기야 1930년부터 백삼통제강화정책을 강행하게 되고 1934년에는 인삼경작신고제를 인삼경작허가제로 전환하면서 사실상 백삼유통부분에 정부개입이 시작됐다. 이런 와중에도 불구하고 풍기인삼조합은 1908년에 금산인삼조합은 1923년에 설립되어 '풍기 반곡삼과' '금산 곡삼'이라는 독자적인 브랜드로 1970년대 초까지는 세계인삼시장을 거의 쥐락펴락하는 상태였었다.

'독이나 습관성이 전혀 없고, 인체의 항상성 유지에 효과가 탁월하다'는 고려인삼의 성가에도 불구하고, 우리나라 인삼산업은 1990년대 초반부터 사실상 침체국면으로 곤두박질했다. 외국산 인삼의 저가물량공세와 내수부진 등으로 1990년 1억 달러를 상회하던 수출이 2003년에는 6,700만 달러로 감소할 만큼 대외경쟁력이 약화된 채 대한민국 인삼산업은 지금 그 기반이 붕괴 직전이다.

인삼산업규제법 때부터 인삼산업이 골병들어

문제는 1972년 제정된 인삼산업규제법에 따라 관주도형 인삼경작조합연합회로 검사권(검사수수료 및 포장용기 구매권 포함)이 이관되면서 대한민국 인삼산업의 근간이 뿌리째 흔들리기 시작했다는 점이다. 조합들의 거센 반발로 준조세 성격인 칸 세와 기타수익사업을 인정하는 약간의 인삼정책의 변화는 있었지만 조합별 생존기반은 이미 회생불능으로 쇠진했던 탓이 그 이유다.

1940년대 수삼의 생산통제를 빌미로 백삼의 유통배급까지 개입했던 조선총독부의 백삼홀대정책과 1972년 제정된 인삼산업규제법이라는 악법에도 불구하고 금산 사람들은 급기야 전국인삼의 70~80%가 금산으로 운집하는 대한민국의 독보적인 인삼시장으로 키워놓았다. 물론 여기에는 백삼을 '금산 곡삼'이라는 브랜드를 특화시킨 금산인삼조합(1923년 설립)의 공과 역할이 지대했다.

인삼삼업의 취약점 간과한 전매청 민영화작업

비록 서자취급은 받기는 했을망정 전매청이라는 국가기관이 인삼정책을 좌지우지했을 때가 한국인삼산업의 전성기였던 것 같다. 전국 어디에서 생산됐던 '금산곡삼'이라는 브랜드로 포장되면 세계가 인정했던 고려인삼이 지금은 존재가치마저 잃은 지 오래다. 1997년 전매청을 한국담배인삼공사로 민영화시키면서, 인삼이 농수산식품부로 이관되면서부터 이미 예견된 일이었다.

정부가 전매청을 수익구조 중심의 영리위주법인으로 바꾸면서 근 100여년 동안 서자 취급을 했던 홍삼시장 이외 인삼산업의 취약점을 간과한 탓이다. 서슬이 퍼렇던 전매청이 없어지자, 중국산 저가인삼이 밀수입되기 시작했고, 절대 반출이 불가했던 인삼씨앗이 무려 70여 톤 이상 중국으로 밀수출 되는 등, 우리 대한민국의 인삼시장은 문자 그대로 춘추전국시대를 방불케 했다.

이제, 우리나라 인삼정책은 누구의 책임인가?

우리 금산도 이때 우리나라 백삼정책의 바로메타라고해도 좋을 90년 역사의 금산인삼협동조합을 잃었다. IMF 이후 김대중 정부에 의해 전매청이 민영화되면서 인삼업계가 입은 충격파는 가히 메가톤급이었다. 인삼업계는 지금도 여진이 채 가시지 않은 상태다. 컨트롤타워가 없는 인삼업계가 좌충우돌하며 인삼산업재건을 위한 몸부림을 쳐보지만 아직은 역부족인 상태다.

이러한 와중에 보건복지부가 한약재 수급안정과 유통질서를 확립한다며 한약재 수급 및 유통관리규정을 제정하면서 농산물로 취급되던 인삼을 덜렁 한약제관리대상에 삽입시켜 버렸다. 대한약전에서 인삼을 한약재로 규정하고 있다는 걸 표면적인 이유로 내세우고 있지만 속내는 전혀 다르다. 인삼이 건강식품으로 둔갑해 한의원의 보약시장을 잠식한다는 게 그 이유다.

중국은 인삼이 농산물, 한국은 인삼이 한약재

정말 시대정신을 외면한 기가 막히는 발상이다. 중국은 인삼공정이란 강력한 정부정책으로 그간 한약재 취급을 해오던 5년 근 인삼까지는 농산물로 6년 근 이상은 한약재로 규제를 완화하며 한국인삼보다 1/70로 농약을 줄이는 영농기법을 도입하는 등 호시탐탐 세계인삼시장을 노리는데 우리 정부는 이를 아는지 모르는지 여전히 강 건너 불구경만하고 있으니 하는 말이다.

보건복지부는 오히려 '한약재 및 수급유통관리규정'이라는 하위규정으로 농수산식품부의 '인삼산업법'을 과도하게 규제하는 조치를 취했다. 이는 지금도 아사지경인 인삼업계를 부관참시한 꼴이다. 정부는 하루속히 '한약재 수급 및 유통관리규정' 〔별표2〕 '마'항 204개 품목에 삽입한 '인삼'을 삭제해서 침체국면을 면치 못하고 있는 인삼산업에 활력을 찾아줘야 할 것이다.

상위법 우선의 원칙도 모르는 한심한 정부부처들

'실정법상 상위의 법규는 하위의 법규보다 우월하며 상위의 법규에 위배 되는 하위법규는 정상적인 효력이 발생하지 않는다는 원칙이 있다.' 이름 하여 '상위법 우선의 원칙'이다. 인삼산업의 미래를 책임질 농수산식품부 공무원들의 영혼이 의심스러운 대목이다. 보건복지부 규정이 농수산식품 관계법령을 규제하는 심각한 상황이 발생했는데 어찌 그리 천하태평인지를 모르겠다.

인삼산업의 미래를 담보할 농수산식품부가 발 벗고 나서서 해결해야 할 일이다. 부처 간 이견을 조율하는 국무총리 산하 국무조정실에서 간단히 해결하면 될 일이다. 그깟, 보건복지부가 상위법우선의 원칙을 지키지 않은 게 뭐 그리 대단한 일이냐고 반문할지도 모르겠지만, 그로 인해 대한민국인삼산업이 시름시름 생명력을 잃고 있다는 측면에서 보면, 이는 분명 심대한 일대사건이다.

〈국가중요농업유산제5호 금산인삼농업보전위원회 위원장 김진호-디트뉴스24〉

금산군 의료폐기물소각장(행정소송) '보조참가'를 선언하며…

　5만4천여 금산의 이름으로 일흔이 재 의료폐기물소각장행정소송에 대한 '보조참가'를 선언합니다. 일찍이, 생명의 고향 미래의 땅으로 명명한 금산의 산하는 국가중요농업유산 제5호인 금산인삼을 세계농업유산으로 전승해나갈 숭고한 땅이지 의료폐기물소각장이나 건설할 허드레 땅이 아니기 때문입니다.

　그렇습니다. 금산의 산하는 1,500년 고려인삼의 명맥을 이어온 고려인삼의 종주지이자 국가중요농업유산 제5호로 지정받은 금산인삼을 세계중요농업유산으로 전승해야 할 기회의 땅입니다. 따라서 5만4천여 금산 군민 모두는 일흔이 재 의료폐기물소각장행정소송의 직접적이고 실질적인 이해당사자들입니다.

　중부RC에너지가 지난 1월 20일 금산군을 상대로 군 관리계획결정 입안제안거부처분취소 행정소송을 제기했는데, 이는 주민의 환경권을 지키려는 금산군에 대한 도전이자 금산 군민을 향한 명백한 선전포고입니다. 하여, 금산 군민과 미래세대의 환경권 생존권을 위해서 이제 우리 금산 군민 모두가 나서려는 것입니다.

　금산군계획위원회의 부적합 판정을 받고 2015년 1월 자진 취하했던 일흔이 재 의료폐기물소각장건설계획 재신청에 대하여 금산군이 부적합 판정을 했는데도 중부RC에너지가 또다시 군 관리계획입안 제안거부처분취소 행정소송을 제기한 행위는 기업의 윤리를 망각한 몰염치의 극치와 적반하장이라 아니할 수 없습니다.

우리 금산 군민 모두가 신앙처럼 여기고 살았던 금산인삼이 마침내 국가중요농업유산 제5호로 지정받고(2015.3) 지금은 대한민국을 넘어 세계중요농업유산등재를 추진(2016.12 서류심사통과)하며 침체된 대한민국의 인삼산업을 주도할 콘텐츠개발(지속가능한 인삼농업을 위한 환경조성)에 지혜를 모으고 있는 중입니다.

산간오지라는 태생적 한계 때문에 개발 년대엔 국가로부터 철저히 외면당하면서 가난이라는 이름으로 지켜낸 우리의 금산과 금산인삼, 그래서 차라리 낙후지역으로 남을 수밖에 없었던 산골마을 우리 금산의 산하는 이제 명실 공히 세계중요농업유산을 전승할 기회의 땅으로 그 존재가치를 재평가 받기 시작했습니다.

이렇듯 우리 금산과 금산인삼은 이제 세계인의 건강을 지키는 21세기 healing산업의 핵심가치로 주목을 받고 있습니다. 금산군에서도 이러한 시대상황을 인식했음인지 일찍이 군정구호를 생명의 고향 금산! 미래의 땅 금산! 으로 정하고 금산의 산하를 청정지역으로 지켜내기 위하여 각고의 노력을 경주하고 있는 중입니다.

우리 금산청정과 금산인삼농업은 이제 손톱만큼도 훼손할 수 없는, 아니 훼손해서는 안 될 대한민국의 중요한 공공재로 부상했습니다. 중부RC에너지는 이러한 시대상황을 아는지 모르는지 막무가내로 의료폐기물소각장건설을 고집하고 있는 것은 5만4천여 금산군민의 생존권을 위협하는 심대한 사건입니다.

그렇습니다. 청정금산이 직면한 현실과 금산인삼농업의 미래는 아랑곳하지 않고 돈벌이만 하겠다고 생떼거지인 중부RC에너지를 우리는 더 이상 그대로 방치할 수가 없습니다. 만약 우리 군이 군 관리계획결정 입안제안거부처분취소 행정소송에서 패소한다면 청정금산의 이미지 훼손이 불을 보듯 뻔하기 때문입니다.

지금 우리 금산군과 금산인삼이 맞닥뜨린 현실은 자손만대에 이르도록 청정금산의 고유 가치를 지킬 것인가 아니면 환경재앙의 단초가 될지도 모를 의료폐기물소각장을 우리 금산의 심장부에 건설하도록 이대로 방치해야 할 것인가 하는 기로에 내몰리고 있습니다. 우리 5만4천여 금산군민의 선택지는 이제 분명해졌습니다.

본 건 '군 관리계획결정 입안제안거부처분취소'에 대한 행정소송은 청정금산의 환경권을 지켜야한다는 금산군이장협의회(254명 전원 사퇴서명) 집단민원으로 금산군계획위원회에서 불허가 처분된 사건입니다. 이제는 5만4천여 금산군민의 단결된 힘으로 '일혼이 재 의료폐기물소각장건설'을 막아내야 할 차례입니다.

5만4천여 우리 금산 군민 모두가 일혼이 재 의료폐기물소각장건설을 결사반대하는 궁극적인 이유가 무엇이겠습니까? '금산군민의 생존을 위한 쾌적한 환경권 사수' 아니겠습니까? 주지하시는 바와 같이 전국 244개 지방자치단체 중 어느 한 곳도 더 이상 의료폐기물소각장을 허가하겠다는 곳이 없지를 않습니까?

지구촌은 지금 크고 작은 대자연의 앙화(殃禍-天罰) 앞에 속수무책이지 않습니까? 체르노빌 원전사고, 후쿠시마 원전사고, 60억 인류의 생존을 위한 생태계파괴와 지구 온난화에 의한 혹한과 혹서, 열대림 훼손 등 인위적인 개발행위에 생활기반을 잃은 '환경난민'이 21세기 화두로 떠오른 지 이미 오랩니다.

그렇습니다. 5만4천여 금산 군민 모두는 지금 머지않은 장래에 닥칠 '환경난민'을 우려하며, 지방자치라는 이름으로 지난 십 수 년 간 무자비하게 파헤쳐진 금산의 산하를 '생존 가능한 미래의 땅'으로 지켜내겠다는 시대정신에 순응할 따름이지, 일흔이 재 의료폐기물소각장건설을 못하게 하자는 게 아닙니다.

5만4천여 금산군민은 중부RC에너지가 제소한 군 관리계획결정 입안제안거부처분취소 소송에서 반듯이 승소해야만 합니다. 그것이 우리금산과 금산인삼을 살릴 수 있는 유일한 방안이기 때문입니다. 따라서 본인은 환경권사수에 앞장선 금산군이장협의회와 뜻을 같이하며 본 건 행정소송 '보조참가'를 선언합니다.

2017. 7.

충청남도의회의정(농업, 지역경제, 환경) 자문위원 김진호

현존하는 스토리텔링조차 외면하는 대전시

'긁어 부스럼을 만든다.'는 옛말이 뇌리를 스칩니다. 금년 12월이면 완공하게 될 대전국악당 준공을 앞두고 새로운 이름을 지어야한다고 설레발치는 대전시를 두고 하는 말이다. 결론부터 말하자면 지금 서구 만년동에 건설 중인 국악전용공연장은 분명 연정국악원 단원들이 입주할 대전시립연정국악원 청사다. 국립국악원 단원들이 사용하고 있는 국립국악원처럼 말이다.

1981년 대한민국 지방정부 최초로 개원했던 대전시립연정국악원이 국악전용공연장을 갖춘 청사를 마련하기까지는 33년이란 긴 세월이 걸렸다. 그런데 새 청사로 입주도 하기 전에 사단이 났다. 국악전용공연장 명칭을 대전시립국악원으로 바꿔야한다는 문화체육국 때문이다. 대전시립연정국악원 기관 명칭에서 '연정'이란 이름을 빼는 게 시민정서라는 이유다.

참으로 어처구니가 없는 소아적 발상이다. 대전시립연정국악원 탄생이 곧 대한민국 국악대중화운동의 효시라는 사실을 모르는 자만이 할 수 있는 일이다. 연정국악원 청사가 이곳 둔산동에 들어서기까지의 33년 역사가 바로 혈혈단신 국악진흥에 앞장섰던 연정 임윤수 선생의 스토리텔링일진대…, 문화체육국이 앞장서서 시민 분열을 조장하고 있으니 정말이지 잠자던 소가 웃을 일이다.

국립국악원에 이어 두 번째로 지방정부 최초 시립국악원을 탄생 시킨 연정 임윤수 선생의 국악사랑 이야기는 지금 국악을 범람하는 외래문화와 차별되게 하는 소중한 민족문화로 부활시킨 전설로 평가받고 있다. 시나브로 사라져가는 우리의 소리를 온몸으로 지켜낸 그를 우리는 마땅히 나라음악을 부활시킨 국악운동가로! 민족문화를 지켜낸 선각자로 받들어 추앙해야 할 것이다.

한 가정의 아버지 자리마저 포기한 채 국악운동에 미쳤던 연정 임윤수 선생의 인생이야기가 곧 대전시립연정국악원의 역사 그 자체이기 때문이다. 그렇다. 4만5천여 점의 국악관련 자료를 대전시에 기부한 연정선생의 대전시립연정국악원 설립기가 바로 후일 국공립연주단체를 신설케 한 단초였고, 연정국악원의 운영체제 또한 그들의 훌륭한 롤 모델이었기 때문이다.

일찍이 문화의 세기를 준비한 연정 임윤수선생의 국악사랑 이야기를, 아니! 아시아를 넘어 오대양 육대주에 대한민국의 정신문화를 선양할 민족문화의 산실이 바로 지금 둔산동에 위용을 드러내고 있는 대전시립연정국악원이다. 그렇다. 국악전용공연장건설은 분명 '국악을 대한민국 신 중심도시 대전의 아이콘으로 육성하겠다.'는 전임시장과 연정국악원 단원들과의 약속이었다.

1983년 마련한 대전시립연정국악원 청사(옛, 우남도서관)를 월드컵 경기장 건설비용으로 내주고, 시민회관으로 이사를 할 때에도 대전연정국악문화회관이라는 이름을 써야한다고 고집을 부렸던 문화체육국이 이번에는 둔산동 대전시립연정국악원 청사 이름에서 아예 임윤수 선생의 호인 '연정'까지 빼야 한다고 날뛰고 있으니 이 일을 어찌하면 좋을지 가

가호호 찾아다니며 호소하고 싶은 심정이다.

이해를 돕기 위하여 여기서 잠깐 대전시립연정국악원이 대전연정국악문화회관이란 어정쩡한 이름으로 바뀐 소회를 분명히 밝혀둬야겠다. 시민회관과 연정국악원 조직을 통합하니까 '연정'을 빼고 그냥 대전국악문화회관으로 써야한다는 의회 입장에 맞장구치는 기획관리실장에게 맞서 대전연정국악문화회관으로 고수했던 죗값을 후일 필자가 톡톡하게 치렀던 웃지 못할 사건 말이다.

연정국악원장으로 10년을 재직했던 필자가 지난 6월 문화체육국을 방문하여 대전국악전용공연장을 둔산동에 신축한 비하인드 스토리와 제발 우리나라 국악운동의 전설이 된 대전시립연정국악원과 연정 임윤수에 대한 스토리텔링은 훼손하지 말아달라는 간절한 부탁까지 했었다. 그런데도 문화체육국은 왜 연정국악원 스토리텔링을 훼손하는 일에만 앞장서는지 도대체 그 속내를 모르겠다.

대전시 문화체육국이 제 아무리 딴지를 건다 할지라도,… 지역 언론들이 제 아무리 부화뇌동해서 분별없는 왜곡 보도를 한다 할지라도 '가장 한국적인 것이 가장 세계적인 것'이라는 일념으로 국악의 일류화·세계화에 앞장선 대전시립연정국악원의 도도한 발걸음은 결코 멈추어 설 수가 없다. 그것이 '가사불고 처자불고'하고 국악운동에 앞장선 연정 선생의 진정성이기 때문이다.

변변한 공연장 하나 없이 33년을 집시처럼 떠돌면서도 묵묵히 전통음악의 보전과 전승에 열정을 바친 80여 연정국악원단 여러분의 눈물겨운 이야기는 이제 대한민국 문화특별시 대전 건설을 위한 충분한 자양분이 되어질 것이다. 실로 말하기조차 부끄러운 지난 이야기들은 오롯이 국악의 일류화·세계화를 위한 담금질이었다고 서로서로를 위로하며 그냥 허허 웃어버립시다.

그리고 이제 제 2의 국악진흥기를 이끌 만년동시대를 위하여 다시 한 번 신발 끈을 단단히 졸라맵시다. 현존하는 스토리텔링도 외면하는 문화체육국인데…, 누굴 믿고 의지를 하겠습니까? 지금까지 그랬듯이…, 우리들 자신밖에 믿을 데가 없으니 드리는 말씀입니다.

〈디트뉴스24〉

이제는, 문화경제학의 시대다

문명의 이기에 함몰된 인간성회복이 무엇보다 시급하다는 지적이 일고 있다. 자신의 행복을 위해서라면 세상 그 어는 것이라도 짓밟아야 직성이 풀리는 참으로 어처구니없는 세상! 물질숭배를 위해서라면 차라리 인륜도 내팽개쳐버리는 人面獸心의 사회를 탓하는 목소리가 하늘에 닿고 있다. 세상 참! 요지경 속이다.

더 많이 배우고 출세한 사람들이, 남들보다 더 많은 걸 틀어 쥔 부자들이, 가난한 사람들보다 훨씬 쫀쫀한 세상이고 보면, 오늘 우리사회에 던져진 인간성회복이란 화두는 정말 예삿일이 아닌 성싶다. 오죽하면 착한 사람 숫자가 절이나 교회만큼 될지 모르겠다는 자조적인 목소리가 높을까?

"오늘 우리사회를 뿌리째 뒤흔들고 있는 도덕적 해이" 성냘! 너 이상은 눈뜨고 볼 수 없는 안타까운 지경에까지 이르렀다. 물에 빠진 아이가 누구네 집 아이인지? 어떠한 보상이 따를 것인지를 따져 물을 새도 없이 물속으로 뛰어들던 선비정신은 다 어디가고, 옳은 일이라면 초개 같이 목숨을 내 던지던 고귀한 절의정신 또한 다 어디로 갔다는 말인가?

지금 이 대로라도 한국사회가 지속될 수가 있었으면 좋으련만! 국가경제가 성장하는데도 도시의 노동자와 서민들은 생활고에 허덕여야하는 이른바, 부의 양극화 현상(생산성이 높은 기계의 출현으로 숙련공이 일자리를 빼앗겼던 1830년 영국의 산업혁명 당시 상황)을 제대로 극복해 낼 수 있을지? 솔직히 걱정이 앞선다.

오늘 우리사회처럼 재화의 가치가 모든 사회현상을 지배하고, 소박한 국민들은 돈 때문에 고통 받아야 하는 현실을 안타깝게 여긴 John · 러스킨은 금전적인 평가를 기준으로 인간이나 산업을 평가하는 것을 정면으로 반대하고 나섰다. 당시 영국사회의 가치관은 돈을 더 많이 벌 수 있는 사람과 기업만을 우대하는 상황이었다.

이러한 평가 기준에 대하여 러스킨은 "인간의 생명이나 자연미뿐만 아니라 역사적인 문화재까지도 파괴하게 될 것이며 결국은 인간의 품위와 생의 가치마저 빼앗는 결과를 초래하게 될 것이다."라고 경고했다. 당시의 러스킨 문화경제학은 영국사회의 상식과 가치관을 완전히 뒤엎는 충격적인 사건으로 평가되고 있다.

「생명과 생활이 있는 경제학」을 주창한 러스킨의 사상은 인간의 개성을 존중하는 인간중심의 경제학을 주창했다는 점과 경제적 동기에 의한 비용과 금전증가에만 관심을 기울이는 경제인보다 인간의 전면적인 발달을 추구하려는 문화와 경제에 더 큰 고유 가치를 부여했다는 점을 우리는 직시해야한다.

러스킨은 그의 저서를 통해서 예술작품의 보전과 배분 등이 국민생활의 가장 가까운 곳에 배치 운영되어야하고 보다 많은 사람들을 위해서 질 좋은 예술을 보다 싼값에 공급할 수 있게 해야 한다는 주장과 함께 예술문화 인프라스트럭처를 사회적 공동자산으로 확보하고 정비케 해야 한다는 주장을 폈다.

또한 러스킨은 교육을 통해 인간과 자연환경 등이 가지고 있는 고유 가치를 발견하는 동시에 이러한 고유가치가 인간들의 생명과 생활에 기여하도록 시스템을 정비해야 하는 당위성을 제기함으로써 예술성과 문화성이 없는 재화들은 무가치한 것이며 그것을 생산하기 위한 자원의 배분 또한 사회적 낭비라고 역설하였다.

러스킨은 문화예술을 뒷받침 해주는 비영리 조직 실천운동가였다. 그는 많은 재력가들이 비영리적으로 문화예술 생활화 사업에 참여케 하였다. 또한 예술성을 수반한 기업문화의 중요성을 제기함으로써 근면한 사람이나 고유 가치를 보는 눈이 높은 사회를 가장 이상적인 사회로 규정하였다.

굳이 러스킨의 문화경제학이 아니더라도 "경제활동은 도덕적 완성을 위한 수단이 되어야 한다." 는 인간중심의 유학사상을 우린 너무나 까마득히 잊고 있다. 인간을 편하게 하는 기술(IT)에만 몰입한 20세기적 사고로 21세기의 주역이 되고자한다면 그건 옹골진 착각이다. 문화외 21세기는 인간을 즐겁게 하는 기술(CT)이 사회적 가치관이기 때문에 더욱 그러하다.

선무당은 꼭 사람을 잡는다
— '신천식 이슈토론' 국악공연장 논란을 보고

금년 12월이면 완공될 국악전용공연장에 새로운 이름을 붙여야 한다는 말도 안 되는 주장 때문에 대전시가 시끌벅적하다. 결론부터 말하자면 지금 둔산동에 짓고 있는 국악전용공연장은 당연히 연정국악원 단원들이 입주할 대전시립연정국악원 청사다. 국립국악원 단원들이 사용하고 있는 서초동 국립국악원처럼 말이다.

산업을 조력할 관광 상품으로 가치가 탁월하다는 판단 때문이다. 그랬다. 필자가 원장으로 재임하던 2004년부터 실시해온 화요상설공연이 바로 국악전용공연장을 신축하게 만든 일등공신이다. 국악전용공연장이 이곳 한밭수목원으로 들어서게 된 이유 또한 국제회의가 빈번한 대덕연구개발특구와 과학 비즈니스벨트, 대전 컨벤션센터 등과의 원활한 업무 공조를 위해서다.

연정국악원을 손아귀에 넣으려는 공무원들

국악전용공연장을 짓게 된 당초 취지에 부합하려면 지금쯤 연정국악원은 공연장 활용계획(관광상품용 공연을 년 간 최소 100회 정도)을 수립하고 그에 수반되는 예산을 내년예산에 반영했어야 옳다. 그런데 새 청사로 입주하기도 전에 사달이 났다. 연정국악원을 시립예술단처럼 손아귀에 넣으려는 일부 공무원 때문이다.

너무나 단세포적인 생각이다. 1981년 대한민국 지방정부 최초로 개원했던 대전시립연정국악원이 국악전용공연장을 갖춘 청사를 마련하기까지는 무려 33년이라는 세월이 걸렸다. 집도 절도 없는 악조건을 무릅쓰고 국악의 대중화를 넘어 국악의 세계화 일류화를 준비해온 연정국악원의 진가를 몰라도 너무 모르는 위인이다.

연정 선생은 국립국악원에 이어 지방정부 최초로 시립국악원을 탄생시킨 분이다. 한 가정의 아버지 자리마저 포기한 채 평생을 국악운동에 바친 그의 생애가 곧 대전시립연정국악원 역사다. 그가 기부한 4만 여 점의 국악 관련 자료를 바탕으로 탄생한 연정국악원은 훗날 국공립 연주단체가 속속 등장하는 단초를 제공했다.

연정국악원은 지난 33년 동안 국악의 대중화, 생활화, 세계화를 위해 실로 눈물겨운 노력을 했다. 연간 100회 이상의 공연과 연인원 6만여 명의 수강생을 배출한 연정국악원 발자취는 그 누구도 감히 흉내 낼 수 없는 우리나라 국악운동의 전설로 회자되고 있다. 연정 선생은 그렇게 일찍부터 문화의 세기를 준비한 선각자다.

재능을 호구지책으로 여기며 돈벌이에만 혈안이 되어있는 국악인들을 질타하며 예악사상이 오롯이 담긴 국악을 바르게 전승해야한다고 목청을 돋우던 연정선생의 뜻을 바르게 펴서 오대양 육대주에 대한민국의 정신문화를 선양할 민족문화의 산실이 바로 지금 한밭수목원에 세워지는 대전시립연정국악원 청사다.

타. 시도국악원과 차원이 다른 '대전시립 연정국악원'

연정국악원을 국악관현악단 정도로 폄훼하는 일 또한 연정국악원의 진가를 전혀 모르고 하는 처사다. 지금은 각 시·도마다 국악원이나 국악연주단을 두고 있다. 그러나 국립국악원처럼 정악(궁중음악) 정재(궁중무용)까지를 포함한 국악의 모든 장르를 섭렵해서 전승하는 곳은 대전시립연정국악원이 유일하다.

다시 말해서 연정국악원은 국악의 대중화를 목적으로 창단된 연주단체가 아니라. 민족음악의 바른 전승을 목적으로 설립된 국립국악원과 같은 차원의 국악교육전승기관이라는 말이다. 연습실 하나가 제대로 없는 처지에서도 정악, 정재 공부만큼은 단 한 번도 거르지 않는 연정국악원단원들의 자긍심이 낳은 결과다.

대흥동청사(구, 우남도서관)를 월드컵 경기장 건설비용으로 내주고, 시민회관으로 이사해서 기관통합을 할 때도 대전연정국악문화회관 이라는 이름을 써야한다고 주장했던 대전시 일부 공무원들이 이처럼 기이한 이름을 탄생시켰다. 그들이 또 둔산동 청사 이름에서 아예 임윤수 선생의 호인 '연정'까지 빼야 한다고 주장하고 나선 것이다.

여기서 잠깐 대전시립연정국악원이 대전연정국악문화회관이란 어정쩡한 이름으로 바뀐 소회를 밝히고 가야겠다. 시민회관과 연정국악원 조직을 통합하니까 '연정'을 빼고 그냥 대전국악문화회관으로 써야 한다는 의회입장에 맞장구치는 기획관리실장에 맞섰던 필자가 후일 그 죗값을 톡톡하게 치러야했던 에피소드 말이다.

연정국악원이란 이름을 지켜내지 못한 죄로 필자는 대전연정국악문화회관이라는 명칭을 쓰는 것을 사실상 거부했었다. 그래서 필자는 대외 홍보물이나, 브로슈어 등을 만들 때 꼭 대전시립연정국악원으로 표기했다.

전자는 단순한 공연장 명칭 개념이고 후자는 국립국악원처럼 국악전승 기관이라는 목적 지향성 이름이기 때문이다.

정심화 이름 빼려던 충남대 국제문화회관 개명 작업의 역풍

몇 해 전에도 대전에서 이와 유사한 사건이 있었다. 평생 번 돈을 충남대에 기증한 김밥 할머니 이복순 여사의 이름을 딴 정심화국제문화회관에서 '정심화'라는 이복순 여사의 법명을 빼려다 갈등을 불러 일으켜 엄청난 역풍을 맞았던 일 말이다. 예나 지금이나 기증자나 공헌자의 이름을 기리는 일은 자연스런 이치고 순리다.

연정국악원에서 '연정'을 빼는 것은 숭고한 연정선생의 기부문화 정신을 망각하고 우리나라 국악대중화 운동을 선도한 격조 높은 스토리텔링을 부정하는 처사다. 다른 자치단체들은 스토리텔링을 발굴하느라 혈안이 되어 있는데 30년 동안 내공을 쌓은 연정국악원의 품격을 훼손하는 일은 시대착오적 발상이다.

결자해지라 했다. 연정국악원단원들은 손사래를 치는데…. 대흥동 청사를 팔고 시민회관으로 이전시키면서 대전연정국악문화회관이라는 말도 안 되는 명칭으로 뒤바꿔 놓은 대전시가 나서서 본래 이름으로 회복시켜야 한다. 그때도 대전시 억지 때문에 연정국악원이 졸지에 연정국악문화회관 산하 연주단체로 격하된 거다.

국악을 대전의 아이콘을 만들자

우리 속담에 "선무당이 사람 잡는다."는 말이 있다. 의술이 서툰 사람이 치료 한다고 나섰다가 사람을 죽인다는 뜻으로 잘못된 지식을 가지고

섣불리 나섰다가 큰일을 저지르게 됨을 비유적으로 이르는 말이다. 그랬다. 국악원명칭 문제도 그렇고 전통한옥으로 고즈넉한 연정국악원을 짓고 싶은 꿈이 날아간 것도 모두 선무당 때문이었다.

논란의 중심에 놓인 국악전용공연장도 애시 당초부터 정악, 정재 연습실(강당) 파트별 연습실(강습실 겸용) 국악자료실과 개인 연습실 그리고 대·소극장을 모두 갖춘 연정국악원 청사로 설계가 되어 있다. 시장 직속기관인 연정국악원(4급)을 문화예술과담당(5급)이 무불간섭 하도록 방치하면서부터 일이 여기까지 심각하게 꼬였다.

불과 서너 달 후면 제 2의 국악진흥을 이끌 대전시립연정국악원 만년동 청사시대가 도래한다. 전술한 바와 같이 지금은 국악을 대한민국 신 중심도시 대전의 아이콘으로 만들기 위한 지혜를 모을 때다. 연정국악원이 전승하고 있는 품격 있는 민족문화로 첨단과학도시 대전경제를 키울 문화경제학 차원의 거시적인 담론 말이다.

〈디트뉴스24〉

文化와 經濟 그리고 文明

　동서고금을 막론하고 인간들의 일상은 좋음 음식을 먹고, 좋은 옷을 입고, 여유롭게 즐기려는, 과정의 연속 이었다. 때문에 모든 사람들은 의식주문제 해결을 위한 생산 활동에 내몰려야만 했다. 중세에는 왕이 개개인에게 일거리를 주고, 백성들은 다소곳이 명령만 따르면 의식주 문제는 해결해나갈 수 가 있었다.

　그러나 이러한 사회는 자발성의 결여로 노동의 댓가에 비하여 생산성이 크게 떨어질 수밖에 없기 때문에, 일반국민들은 문화를 즐길 만큼의 금전적인 여유는 물론 시간적 여유도 허락되지 않았다. 이 시대 국민들은 하루하루를 살아가기 위하여 생산 활동에 참여하는 그 자체가 생활이며 문화일 수밖에 없었다.

　인류학자들은 이때부터를 정치로부터 경제아 문회기 분리되기 시작한 때로 보고 있다. 행복추구라는 전제 아래 과학기술이 빠르게 우리들의 일상에 도입되면서 줄어든 노동시간만큼 생활수준이 향상되기 시작하였다. 이처럼 경제활동에 대한 각 개인의 의사 결정이 더욱 분권화되면서 일반국민들에게도 시간적·경제적 여유가 생기기 시작했다.

　그러나 효율만을 중시하는 18세기 산업사회는 고용과 자원의 배분을 보다 더 효율적이고 과학적인 방법론을 제시하는 합리성 중심의 경제학이라는 하나의 독립 학문으로 지속적인 발전에 발전을 거듭하지만, 그 상징성과 의미만을 중시하는 문화는 생산성이 결여 되었다는 이유만으로 결국, 경제로부터 격리되어질 수밖에 없었다.

이때부터 효율성을 중시하는 경제와 상징성을 중시하는 문화는 성장과 쇠퇴라는 서로 각기 다른 길로 접어들기 시작하였다. 이러한 추세는 산업혁명기로 불리는 19세기에 그 절정에 이르게 되는데, 문화가 없는 불균형 성장의 정점인 20세기 후반에 이르러서야 인류는 문화와 경제를 서로 결합시키려는 노력을 재시도하기 시작하였다.

특히 정보 통신의 발달과 더불어 문화와 예술이 타, 산업발전을 유발시키거나 견인하는 기본재로, 또는 국가 경쟁력의 중요한 원천으로 뒤늦게 간파하면서 어리석은 인류는 바야흐로 21세기를 문화의 세기로 천명하기에 이른다. 그러나 문화의 21세기 초반부터 인류는 상상할 수 없는 변화의 소용돌이에 휩싸이고 말았다.

냉전질서를 지배했던 20세기 이데올로기의 붕괴, 정보고속도로의 형성, 재택근무의 실현, 사이버 세상을 선도하는 기술혁명, 세계화 지방화로 인한 정치·경제적 변화는 우리의 20세기적 관념으로 도저히 납득할 수 없는 상황으로 치닫고 있다.

21세기는 사회제도나 문화에 있어 성장과 파괴보다는 공존과 상생을, 물질과 욕구보다는 정신과 절제를 중시하는 동북아시아 유교 문명의 부활에 의해서만 가능할 것으로 인류학자들은 전망하고 있다. 성장이라는 슬로건 아래 20세기를 지탱해왔던 서구물질문명은 더 이상 새로운 세기를 감당할 에너지가 없다는 것이다.

단순한 현상으로 보기에는 그 폭이 너무 큰 문명적(civilization)변화를 우리는 문명의 전환이라 부르고 있다. 이러한 관점에서, 분명히 낡은 것은 붕괴(문명 충돌론 : 세뮤얼 헌팅턴)하고 있다. 그러나 새로운 문명 창조를 위한 뚜렷한 징후는 아직 나타나고 있지 않고 있다. 이것이 오늘 날 전 세계가 직면한 위기의 본질이다. 우리나라의 현실도 그러하다.

문화는 국가와 사회의 공동자산이다

물질주의라는 기형적인 문명의 발달로 상실된 인간성 회복 운동이 화두로 등장한 지 이미 오래다. 20세기 산업화의 성공이 동·서양의 생활환경과 여건을 동질화시키는 데는 크게 성공을 거둔 셈이다. 그러나 소비문화에 함몰된 인류는 인간의 창조력마저 위협 당할 심각한 지경에 이르고 있다.

이처럼, 기형적인 20세기 문명의 발달로 선진 국가에는 삶의 질을, 개발도상국 또는 후진 국가에는 개인과 국민의 주체성마저 상실할 만큼 심각한 위기를 맞고 있다. 작금의 이러한 시대 상황은 "문명의 진보에 심각한 영향을 미치게 될 것"이라는 우려와 함께 세계는 문화 발전을 통한 인간성 회복 운동으로 국력을 결집시키고 있는 지 오래다.

그 결과, 문화는 「국가의 총체적 발전」이라는 등식으로 경제와 문화를 따로 떼어놓을 수 없다는 결론에까지 다다르고 있는 것이다. 오늘날, 세계의 모든 선진 국가들이 국가 발전의 개념을 순수 경제 조건을 넘어서 사회 문화적 측면을 포괄적으로 수용하는 이유도 바로 여기에서 찾아야 할 것이다.

그렇다. 경제와 문화를 균형 있게 발전시켜야만 삶의 질을 근본적으로 고급화시킬 뿐만 아니라 인간의 참다운 삶과 민족적. 국가적 존엄성이 고양될 수 있다는 것이다. 1948년 유엔이 채택한 인권선언은 「모든 사람은 공동사회의 문화생활에 자유롭게 참여할 권리를 지닌다.」(인권선언 제

27조1항)고 천명했다.

　모든 국가는 국가 발전에 선행하여, 문화에 대한 인간(개인)의 권리가 우선되어야 한다는 유엔의 인권선언이 시사하는 바는 「공동사회를 책임지고 있는 국가(지방정부)가 인간의 문화적 권리를 보장할 책무를 가진다.」는 문화에 대한 국가 책무설에 대한 효시가 되고 있다.

　문화는 고차원적인 사회의 공동 재산이며, 문화가 없는 사회는 스스로 파멸할 수밖에 없으므로, 정부는 국가 사회발전에 우선하여 문화발전을 국가 기본재로 인정하여야 한다는 유엔의 주장이고 보면, 문화적 가치보다, 경제적 가치에 더 큰 비중을 두었던 「한강의 기적」이 차라리 원망스럽게 느껴질 때가 한두 번이 아니다.

　문화적 가치가 21세기를 지배한다는 새뮤얼 헌팅턴의 화두를 쫓아 세계는 지금, 신문명 창조에 몰입한 지 오래다. 그런데 우리는 아직도 20세기 물질주의 늪을 헤어나지 못하고 있다. 돌이켜보면 우리민족처럼 순수한 민족은 없다.

　「나물 먹고 물마시고 하늘보고 누웠으니 이만하면 만족하다.」며 농자천하지대본이라는 자연주의적 실천규범을 생활철학으로 여기던 욕심 없는 민족이었으니 말이다. 衣食住문제를 해결하고 나면, 향락을 추구하는 것이 인간의 원초적 본능이라는 사실을 모르는 바 아니다.

　하지만 유교사상을 그리도 신봉하며, 물질보다는 정신적 가치관을 더 귀하게 여기던 동방예의지국의 선비문화가 어떻게 해서 이리도 철저히 망가질 수가 있는 것인지 모르겠다. 한때는 우리가 일본을 경제적 동물로 비하했었는데, 어느새 우리가 부의 소유를 존재 이유로 여기는 경제적 동물로 전락해버렸는지 정말 알다가도 모를 일이다.

딱히 뭐라고 꼬집어 말 할 수는 없어도 지금 우리사회는 붕괴하는 쪽으로 그 축이 기운 듯 불안하기가 그지없다. 원칙이 상황을 통제하지 못하고, 상황이 원칙을 좌지우지하는 사회, 최소한의 양심마저도 찾아볼 수 없는 권력형 비리가 난무해도 이를 통제하지 못하는 오늘의 사회는 홉사 프로이트의 「반사회적 인격 장애 증후군」에 감염되었음을 실감할 따름이다.

우리는 1978년 6.29선언과 함께 인권을 유린하며 효율만 중시하던 개발독재를 말끔히 청산했다. 그리고 4년 뒤인 1991년 6월에는 30년 동안 중단 됐던 지방자치도 부활시켰다. 환상적인 경제의 틀을 깬다는 식자들의 우려도 불식시키고, 우리는 중앙정부 일변도의 계획경제를 노도와 같은 민주화운동에 연동시켰다.

그랬다. 우리의 선택은 옳았다. 독재정권에 맞선 민주화의 대장정! 그것은 분명 시대의 시대적 소명이었다. 국민들이 바랐고 세계도 이를 원했다. 그래서 우리는 5공 청산과 같은 뼈를 깎는 아픔도 6.25이후 최대 환란이라는 IMF도 그리 거뜬히 넘어설 수가 있었다.

5천년 대물림 가난도, 동족상잔의 아픔도, 이렇듯, 꿈만 있으면 거뜬히 해내는 저력 있는 민족인데, 작금의 우리사회의 형편은 진보를 하는지 퇴보를 하고 있는 것인지 도대체 알 길이 없다. 때늦은 이념논쟁이나 일삼으면서 스와핑을 즐긴다는 지식인들의「정신적 도덕적 해이」는 차라리 양반이다.

민족의 장래를 책임질 정치권은 아예 대놓고 기업과 국민들을 이 땅에서 떠나보내는 짓거리에 여념이 없고, 어떻게 사는 게 옳은 것인지! 사는 방법조차 잃어버린 민초들의 일상은 두려움의 연속이다. 더 늦기 전에 어떻게 손 좀 써봐야 하는 것 아니냐? 이 물음에 이제 누군가가 나서서 화답해야 할 차례다.

문화가 21세기를 지배한다. 이 화두를 쫓아 전 세계가 야단법석인데, 우리는 고작! 네 편 내편이나 가르고, 패거리 싸움만 하는 게 정치라고 착각하는 3백여 선량들을 보고 있자니, 난다느니 한숨만 절로 날 뿐이다.

드디어 대전에 국악당을 짓습니다

연정선생님! 희망의 신묘년 새 아침이 밝았습니다. 제야의 종소리와 함께 늘상 맞이하는 새해지만, 연정국악원이 맞이하는 새해는 유난히도 남다릅니다. 개원 30주년이 되는 해에 지역 국악인 모두의 소망인 대전국악당 건설의 초석을 놓는다는 설렘으로 우리는 더욱 감격스럽습니다.

지난 2001년 3월 원장으로 부임했을 때 연정선생 당신께서는 어지간히도 저를 못 미더워하셨는데…. 갓 시집온 새댁처럼 아무것도 할 줄을 몰라서…. 그래서 수구려 부치고 앞만 보고 정신없이 달려왔는데. 어느새 10년 세월이 훌쩍 지나버리고 말았네요. 엉겁결에 보내버린 지난 시절을 되짚으니 참으로 감회가 새롭습니다.

우리 민족의 얼을 지킨다는 자긍심으로 연주단원들의 의기는 양양한데, 국악은 식전행사나 불러다 쓰는 것으로 여기는 사회적 인식을 넘어서지 못하는 현실을 어떻게 타개해야 할지 정말이지 눈앞이 캄캄했습니다. 저는 취임 4개월 후, 개원 20주년 기념공연 초대의 글을 통해서 150만 시민 모두에게 이렇게 언약을 했었습니다.

30년 전 성취동기가 30년 후 그 사회의 성공 여부를 결정한다는 진리를 좇아 강산이 두 번이나 변하도록 국악사랑에 흠뻑 빠진 연정 국악연구원, 대전시민을 문화국빈으로 받들어 모시려던 연정선생처럼 우리 모두는 지나온 스무 해보다 앞에 놓인 십 년을 더욱 성심껏 준비하겠나이다. 이렇게 성심을 다해서 10년을 준비하겠다고….

저는 지난 10년 동안을 뼈저리게 절감했습니다. 아무리 성심을 다한다 해도 수요자를 쫓아다니며 1년에 100회도 훨씬 넘는 공연을 소화한다는 게 얼마나 힘들고 비효율적인 일이란 걸 말입니다. 그래서 2004년부터 관광 상품화를 위한 화요상설공연을 시작했습니다.

연정 국악문화회관 소극장에서 연간 24회 정도 말입니다. 예상은 적중했습니다. 화요상설공연의 고객층은 역시나 대덕 연구 단지를 찾는 내 외국인들이 주를 이루고 있습니다. 1시간 정도의 공연이 끝나고 나면 기념 촬영을 하느라 야단법석인데.

저는 그때마다 우리 연정국악원(대전국악당)을 대덕연구단지와 가장 인접한 곳에 지었으면 좋겠다는 생각을 해왔습니다. 그래서 국악전용극장을 짓겠다고 공약한 염홍철 시장에게 대덕연구단지와 3군 본부, 그리고 세종시에서 가장 접근이 용이한 도안동 호수공원 부지를 제1안으로 보고를 했고, 심도 있게 검토됐습니다만, 당초 계획이 생태습지로 축소되는 바람에 부득이 국악당 부지를 둔산 공원쪽으로 바꿔 추진하고 있습니다.

연정선생님! 한시라도 빨리 국악당을 지었으면 좋겠습니다. 조그마한 연못과 석등도 듬성듬성 있는 한국식 정원에, 서울 남산국악당처럼 그런 엣지 있는 전통 한옥이면 더욱 좋겠습니다. 국악당이 완공되면 지난 30년 동안 해왔던 찾아가는 공연, 초청공연, 국악강습 등은 이제 지역 예술단체의 몫으로 돌려주려 합니다.

그리고 연정국악원은 첨단과학도시 대전을 대표하는 국제적인 문화

아이콘으로서의 변화를 시도하려 합니다. 민족의 얼이 살아 숨 쉬는 국악을 문화산업으로 접목할 책무가 연정국악원에 있지 않습니까? 국악 전용 극장만 마련된다면 국내·외 관광객들이 문전성시를 이루는 전국제일의 국악당으로 키워낼 자신이 있습니다.

'한 송이 국화꽃을 피우기 위해 봄부터 소쩍새는 그렇게 울었나 보다'라는 서정주님의 시처럼, 21세기 국부창출을 주도하는 첨단과학도시 대전, 대전의 문화 아이콘이 되기 위해 연정국악원은 숙명처럼 30년 동안 애써 달려 왔는지도 모를 일입니다. 그렇습니다.

선생님, 제가 연정 당신을 문화의 21세기를 예견한 선각자라 호칭하는 이유가 바로 여기에 있습니다. 올해로 완벽한 성년(而立)이 된 연정국악원은 이제 대한민국을 세계일등 국가로, 대전을 우리민족의 역사적 정신적 혈통을 이어갈 대한민국 신중심도시로 자리 매김 되게 할 문화아이콘으로 우뚝 세우겠습니다.

[중도문화초대석] 2011. 1. 17 보도

동냥은 못줄망정 쪽박은 깨지 말라

연정국악원과 소통하라. 신신당부한 시장의 뜻을 거역하면서까지 상임 예술감독을 채용하겠다고 몽니를 부리는 문화체육국과 업무의 속성상 상임 예술감독은 시기상조라고 항변하는 연정국악원 단원들…. 과연 누구의 말이 옳고 누구의 말이 그른 것일까? 연정국악원이 왜 생겼고 왜 있어야하는지도 모르는 시민들의 입장에서 보면 일견 상위부서인 문화체육국 주장이 옳은 듯도 싶다.

하지만, 틀렸다. 업무의 속성상 특정분야의 상임 예술감독은 독이 된다는 연정국악원 단원들의 주장이 백번 옳다. "그동안 연정국악원이 시민들로부터 외면을 받아왔다. 공연장을 찾는 시민도 없었고, 교향악단이나 합창단과는 차이가 크다" "국악전용 극장 개원 이후 이러한 분위기 쇄신을 위해 히딩크 같은 감독이 내부적 기강을 잡아야 한다."는 문화체육국의 주장은 뚱딴지같은 소리다.

그랬다. 그동안 연정국악원이 시민들에게 외면 받아 왔다는 건 맞는 말이다. 우리, 입은 삐뚤어졌어도 말은 바로하자. 연정국악원이 누구 때문에 이 모양이 되었지 말이다. 독지가가 전 재산을 헌납하여 전국 최초의 국악원을 설립해 놓았으면 그분의 뜻을 제대로 펼칠 환경을 조성할 부서가 대전시 문화체육국 아니던가? 그런데 어째서 문화체육국은 구차하게도 그 탓을 연정국악원에게 돌리려 하는 가 그 말이다.

문화체육국 국·과장 자리에 오르려면 적어도 25년 이상 시청에서 근

무한 사람일 텐데…. 단도직입적으로 묻겠다. 그대들은, 도대체 연정국악원공연을 몇 번이나 와 보고 허튼소리를 하는 것이냐고 말이다. 1년에 100번도 훨씬 넘는 공연을 하면서 달랑 한복 한두 벌이 고작이고, 조금 큰 기획공연이라도 할라치면 시립무용단 의상이나 기자재를 빌려다 써야하는 연정국악원의 열악한 환경을 좀 챙겨는 봤느냐고 말이다.

연정국악원을 시립교향악단이나 시립합창단과 비교하는 건 난센스다. 민족음악의 바른 전승을 위해 설립된 연정국악원을 관객이 몇 명이 더 오고 안 오는 문제를 따지며 "연정국악원 단원들이 그동안의 나태함을 유지하기 위해 비상근을 주장한다."고 몰아세우는 문화체육국은 업무연찬이 부족해도 한참이나 부족하다. 이런 편견으로 어떻게 문화예술행정을 한다는 것인지 참 신기할 따름이다.

그동안 시립교향악단, 시립무용단, 시립합창단이나 싸고돌며 연정국악원은 거들떠 본 적도 없는 그대들이 왜 갑자기 주인행세를 하려는 것인지 문화체육국은 그 저의를 밝혀야 한다. 국악전용공연장을 서울남산국악당처럼 전통한옥으로 짓고 싶어 하는 연정국악원의 꿈도 누가 그리 짓밟았는지를 밝혀야하고, 단원들이 나태함을 유지하기 위해 비상근을 주장한다는 무책인한 발언도 책임을 져야 한다.

국악전용공연장 준공이 가시화되면서 벌어지고 있는 일련의 사태들이 균형 감각 없는 일개 팀장에 의해서 촉발되고 있다는 사실을 아는 사람은 다 안다. 그들은 2011년 행정, 별정으로 되어 있는 연정국악원장 직제를 개방형으로 바꾸려는 시장의 방침을 정년 이내로 나이를 제한해서 모처럼 능력 있는 전문가를 모시려던 시장의 생각을 수포로 돌아가게 한 장본인들이다. 한마디로 말해서 대전 문화의 마피아들이다.

별정직이던 예술담당팀장(5급)이 연장국악원 원장(4급)으로 갈 수 있도록 내규를 바꾼 다음 승진했던 S모 원장이 퇴직하자 이들은 또 잽싸게 원장직제를 행정직으로 바꿔서 정년이 채 1년도 안남은 행정직 원장으로 갈 수 있도록 뜯어 고친 사람들이다. 그랬던 그들이 이번에는 또 국악전용공연장 개관을 앞두고 원장직제를 개방형으로 바꾸겠다고 설레발을 치고 있다. 마치 프로이센 왕국을 보는 것 같아 씁쓸하다.

프로이센 국왕은 침대보다 키가 큰 사람은 다리를 자르고, 침대보다 키가 작으면 잡아당겨 늘렸다는 프로이센 절대 왕국이다. 문화체육국에 충고한다. 더 이상 연정국악원을 손아귀에 넣고 흔들지 말아 달라. 당신들의 눈에는 연정국악원 단원들이 하찮은 국악이나 하는 어리숙한 사람들로 보이겠지만 민족혼을 지키겠다는 자긍심 하나로 33년을 살아낸 그들의 눈엔 당신들이야말로 영혼도 없는 월급쟁이로 볼 테니까 말이다.

필자는 일찍이 오늘의 사태를 예견했었다. 그래서 필자는 지난 6월 중순경 염홍철시장에게 찾아가 진언 드렸다. 국악전용공연장 명칭에서 '연정'이라는 설립자의 호를 빼야한다고 선동하며, 연정국악원 단원들은 원치 않는데 굳이 지휘자를 상임감독으로 바꾸겠다고 고집하는 그 직원, 심지어는 연정국악원 내부 시설배치마저 자기 맘대로 뜯어 고치려는 그 직원을 후임시장이 취임하기 전에 인사 조치해야 후환이 없다고 말이다.

시장께서는, '그러지 않아도 그 직원이 특정선거캠프를 지원하는 등의 물의를 일으켜 고민하고 있다는 심경을 털어놓았다.' 필자는 그 직원을 그대로 두면 필연코 불미스러운 사태가 벌어지게 될 것이고 그리 되면 연정국악원을 짓게 해 주신 시장님과 연정국악원 단원들이 반목하는 심각한 일들이 벌어질 수 있다고 누누이 말씀드렸다. 그랬는데도 무슨 특권을 누리는지 그 직원은 아직까지도 문화체육국을 자기 맘대로 주무르고 있다.

필자가 시장님을 찾아 뵌 바로 그날! 문화체육국 국·과장과 그 직원을 찾아가서 국악전용공연장은 연정국악원 청사로 짓는 것이니 명칭문제를 포함해서 지휘자문제, 사무실배치 문제 등으로 더 이상 긁어 부스럼 만들지 말아 달라고 당부하면서 행정을 잘 모르는 연정국악원 단원들의 의견을 잘 수렴해 달라고 부탁까지 했었다. 그랬는데도 문화체육국과 그 무소불위의 직원은 아직까지 마이동풍이다.

심각하다. 공무원이 시장선거 기간 중에 특정캠프를 지원했다는 사실들을 인지하면서도 무슨 말 못할 사연들이 있기에 시장도 국장도 과장도 그를 통제하지 못하는 것인지 좀 따져봐야 할 일이다. 책 한권 읽고 고집까지 센 놈이 세상에서 제일 무서운 사람이라 했다. 괜한 문제를 이슈화 시켜 예술인들의 갈등을 조장하는 그들에게 과연 대전문화의 미래를 맡겨도 되는 것인지 큰 걱정이 앞선다.

말귀도 못 알아듣는 사람들에게 더 이상 무슨 소용이겠는가만, 그래도 한 번만 더 당부하겠다. 연정국악원에서 굳이 상임 지휘자를 두지 않으려는 이유가 따로 있다. 연정국악원은 여타 시립예술단체처럼 인기몰이나 하는 그런 관현악단이 아니고, 전통음악의 원형은 철저히 보존하면서 국악의 일류화에 정진해야하는 업무특성 때문에 관현악으로 편향된 상임

지휘자를 원치 않는 것이라고 말이다.

　로마에 가면 로마법을 따르라했고, 공자께서도 '모르면 묻는 게 예(禮)'라고 말씀하지 않았던가? 현재의 연정국악원 간부 정도라면 대전이 아니라 우리나라 국악의 장래를 짊어질 훌륭한 아주 훌륭한 예인들이다. 모르면 물어야지, 어쩌자고 국악계 거목들의 생각을 그리 짧은 소견으로 윽박지르기만 하는 것인가? 다시 한 번 문화체육국에 정중히 부탁한다. '동냥은 못줄망정 쪽박은 깨지 말라.'고 말이다.

〈디트뉴스24〉

다시는 그곳을 찾고 싶지 않습니다

　연정 선생님! 신묘년(2011) 새 아침에 당신께 글을 썼으니까 올해로 꼭 5년 만에 당신에게 이렇게 또 편지를 쓰게 됐습니다. 신묘년에 당신께 글을 썼을 때는 '연정선생님 대전에도 국악당을 짓습니다.' 라는 제목으로 편지를 썼는데, 오늘은 '그곳을, 다시는 찾고 싶지 않습니다.' 라는 다소 서글픈 제목으로 편지를 씁니다.
　당신이 살아생전 같았으면 '10년이나 대전시립연정국악원장으로 재직했던 놈이 웬 뚱딴지같은 소리를 하느냐?' 불호령이 떨어졌을 텐데, 이제는 그런 꾸지람조차 들을 수가 없는 하소연을 늘어놓습니다. 연정당신께서 평소 그렇게 소망하던 대전국악당은 작년 6월에서야 준공을 했습니다.

　대전시립연정국악원이 지금의 한밭수목원부지에 신축을 하기까지는 참으로 우여곡절도 많았습니다. 시청사가 둔산동으로 이사를 해서 가뜩이나 공동화현상이 심화되고 있는데 예술의전당에 이어 대전국악당까지 둔산동으로 가면 어떻게 하느냐는 여론의 질타와 한밭수목원을 훼손한다는 환경운동단체들의 거센 반발을 넘어서기가 결코 만만치 않았습니다.
　원장인 저는 전통음악의 관광 상품화를 위하여 가급적 국악당을 대덕연구단지 가까운 곳에 지어야한다고 천둥벌거숭이마냥 뛰어 다녔습니다. 천의신조인지 대전국악당부지가 한밭수목원으로 결정되는 것까지만 보고 저는 2011년 6월에 정년퇴직을 하였습니다.

대전연정국악원을 한옥으로 짓기 바랐는데…

　대전국악전용극장은 서울남산국악당처럼 전통한옥으로 아담하게 지어졌으면 좋겠습니다. 덕수궁 돌담길 같은 그런 고샅길을 통해서 국악당으로 들어서면 한국식 정원, 그 안에 고즈넉하게 자리 잡은 그런 고풍스런 국악당으로 말입니다. 대청마루에 앉아 공연도하고 정원 한 켠에서는 마당놀이도 할 수 있는 그런 옛지 있고 품위 있는 국악원, 고대광실 같은 국악당과 어우러진 한밭수목원 그 자체가 곧 관광상품으로 대전시민은 물론 대전을 찾는 외국인들에게 우리 민족의 얼이 담긴 국악과 아름다운 한옥의 예술성까지를 선사하는 그야말로 대전제일의 관광명소로 지어졌으면 좋겠습니다.(대전예술 2011. 1월호)

연정선생님! 한시라도 빨리 국악당을 지었으면 좋겠습니다. 조그마한 연못과 석등도 듬성듬성 있는 한국식 정원에, 서울 남산국악당처럼 그런 옛지 있는 전통 한옥으로 지었으면 더욱 좋겠습니다. 국악당이 완공되면 연정국악원이 지난 30년 동안 해왔던 찾아가는 공연, 초청공연, 국악강습 등은 이제 지역 예술단체의 몫으로 돌려주려 합니다. 그리고 연정국악원은 첨단과학도시 대전을 대표하는 국제적인 문화아이콘으로 변화를 시도하려 합니다. 국악전용극장을 마련하게 된다면 국내외 관광객들이 문전성시를 이루는 전국 제일의 민족문화의 전당으로 키워낼 자신이 있습니다. (중도일보 2011. 1. 17)

연정국악원 30년의 꿈! 일개 팀장에게 짓밟혀

그렇습니다. 연정선생님! 당신이 전 재산을 대전시에 쾌척하시면서 1981년에 전국 최초로 탄생시킨 대전시립연정국악원은 이제 중부권제일의 국악전용공연장을 마련하고 한반도를 넘어 오대양 육대주로 비상할 채비를 모두 마쳤습니다. 그런데 저는 그렇게도 열정을 바쳤던 대전연정국악원을 다시는 찾고 싶은 생각이 없습니다. 퇴직을 하고나면 옛 직장을 다시 찾지 않는다는 세간의 속설 때문만은 아닙니다. 제가 연정국악원을 다시는 찾고 싶지 않은 첫 번째 이유는 서울남산국악당처럼 전통한옥으로 지었으면 하는 환상이 깨진 탓이고, 두 번째는 국악관현악단으로 전락하고 있는 대전시립연정국악원의 모습이 서글프기 때문입니다.

연정 당신께서는 생전에 국악관현악을 유난히 싫어하셨지요. 관객 눈높이만 맞추느라 관현악을 치중하다보면 자칫 전통성(정악, 정재, 민속)을 잃고 창작국악단으로 전락해버린다고 말입니다. 그런데 지금 그 우려가 현실로 나타나고 있습니다. 상임지휘자가 예술 감독을 겸하게 되면 국악원이 관현악단으로 전락하게 된다는 단원들의 의견을 무시하고, 상임지휘자가 예술 감독을 겸하도록 연정국악원운영체계를 뒤흔들어놨기 때문입니다. 시립교향악단, 시립합창단, 시립무용단 업무를 담당하는 일개 팀장 하나가 이렇듯 시장직속기관인 사업소를 쥐고 흔들어대는데도 이를 통제하지 못한 대전시문화예술행정이 원망스러운 뿐입니다.

수처작주(數處作主) 정신으로 연정국악원 혁신

지방의회 전문위원에서 연정국악원으로 발령이 났을 때 국악의 '국'자도 모르는 사람을 국악원으로 보냈다며 사령을 거부했던 제가 어떻게 10년 동안 원장의 직무를 수행했는지 지금 돌이켜보니 참으로 감회가 새롭습니다. 삼십년 전 성취동기가 30년 후 성공여부를 결정한다는 진리를 쫓아 강산이 두 번이나 변하도록 국악사랑에 흠뻑 빠진 대전시립연정국악원 대전 시민을 문화의 국빈으로 받들어 모시려던 연정선생처럼 우리 모두는 지나온 스무 해보다 앞으로의 십년을 더욱 성심껏 준비하겠나이다. 부임 4개월 만에, 개원 20주년 공연초대의 글을 이렇게 쓰면서 나는 수처작주를 마음속 깊이 다짐 또 다짐을 했습니다.

수처작주(어느 곳이든 가는 곳의 주인이 된다는 뜻)라는 임제록(臨濟錄)에 나오는 이 말이 사령장받기를 거부했던 나에게 큰 위안이 되었습니다. 그랬습니다. 누군가가 열정을 바쳐 국악의 대중화, 국악의 세계화를 이룩해야한다면, 정년까지 10년의 임기가 보장된 내가 기필코 대전연정국악원을 혁신하는 주인이 되겠다고 말입니다. 먼저 오디션 점수가 높으면 신입단원들도 간부단원이 될 수 있도록 연공서열 중심의 인사제도를 혁파했습니다. 나이만 먹으면 간부공무원으로 승진하는 구습을 깬 셈이지요. 두 번째로 찾아가는 공연을 행사성격에 맞는 맞춤형공연으로 바꾸면서 국악원운영을 시민친화적으로 개선했습니다.

10년 만에… 국악계의 롤 모델 된 대전연정국악원
세 번째는 연정국악원 직원들이 독식하고 있는 국악시장을 사설학원과 프리렌서들에게 돌려주는 개혁을 서둘러 시작했습니다. 당시 대전국악시장에 승자독식현상이 만연돼 있었기 때문입니다. 값싼 수강료 때문에 수강생이 연정국악원으로 몰리는 현상이 단원들의 개인레슨으로 연결하는 통로역할을 하고 있었기 때문입니다. 상황이 이쯤 되다 보니 연정국악원과 단원들은 대전국악계의 미운 오리새끼일 수밖에 없었습니다. 저는 단원들의 개인레슨, 외부출연, 출강 등을 통제하고 국악원 본연의 업무에만 정진하도록 근무기강을 바로잡기 시작했습니다. 경제활동과 직결되는 일이라 단원들의 반발도 만만치가 않았습니다.

네 번째는 공무원보수규정에 따라 신분이 보장되어있음에도 매 2년마다 오디션을 보고 재임용한다는 이유로 민족음악을 지킨다는 자긍심에도 불구하고 시립예술단 중 최하위대접을 받는 단원들의 사기를 진작시키는 일이 시급했습니다. 먼저 단원들이 패용하는 '단원증'을 '공무원신

분증'으로 바꾸도록 조례를 개정해서 단원들의 신분이 공무원이라는 확신을 갖도록 했습니다. 그 다음엔 전국최초로 대전연정국악원 단원들이 지방행정공제회 회원자격을 취득하게 해주었습니다. 15년이 훨씬 지난 지금까지도 대전시립예술단은 물론 여타 국공립예술단체들의 부러움을 사고 있는 대전시립연정국악원 유일의 특권으로 회자되고 있습니다.

국악의 관광상품화 실현한 화요상설공연

다섯 번째는 격조 높은 우리의 민족음악을 첨단과학도시 대전의 마이스산업 성공 포인트가 될 관광상품으로 접목하는 일이었습니다. 이를 위해서 전국최초의 화요상설공연을 기획하고 새로운 도전을 시작했습니다. 예산부족으로 격에 맞는 의상도 제대로 갖추어 입지 못하고 공연소품도 태부족인 상태로 상설공연을 이끌어가기란 여간 어려운 일이 아니었습니다. 부족한 공연소품과 의상들은 시립무용단에서 빌려다 쓰고 그래도 부족한 의상은 윤정의상실(서울에 소재한 20여년 거래처) 사장님께 부탁을 해서 외상구매로 해결할 수가 있었지만, 그보다도 훨씬 더 어렵고 힘들었던 일은 프로그램에 투입할 인적자원부족 문제였습니다.

그도 그럴 것이 국립국악원 정도는 돼야 편성이 가능한 프로그램을 그 반에 반도 안 되는 연정국악원 인적 자원으로 소화해내기란 사실상 불가능했으니까 말입니다. 단원이 아예 없거나 부족한 파트는 국립국악원이나 프리렌서들로 충당하면서 조금씩 공연의 품격을 높여나갔습니다. 어떠한 난관에 부딪쳐도 화요상설공연은 멈추지 않았습니다. 예상은 적중했습니다. 화요상설공연은 대덕연구단지를 찾는 내·외국인들이 가장 즐겨 찾는 대전세일의 관광상품으로 인정을 받기 시작했기 때문입니다. 그렇습니다. 연정국악원 화요상설공연 성공신화는 이렇듯 저와 60여 단원들이 맨손으로 일군 감동스토리이자 대전국악당을 신축하게 한 일등 공신입니다.

30년 전통을 깨트린 "상임지휘자 예술 감독제"

그렇습니다. 지금은 우리들의 기억 속에서 아련히 잊혀져가고 있지만, 연정 임윤수 선생께서 대전시에 기부한 국악 관련 소장품 45,000천여 점을 모태로 설립된 대전시립연정국악원은 지방정부 최초로 쏘아올린 국악대중화의 봉화(烽火)였고, 민족문화를 부활시킨 한바가지 시원한 마중물이었습니다. 우리의 전통음악이자 민족문화인 국악은 까마득하게 잊어버린 채 서양음악만을 보편적 음악으로 여기는 골 깊은 문화사대주의를 청산해야한다며 1981년 지방정부 최초로 대전시립연정국악원을 탄생시킨 연정 임윤수선생의 국악 사랑이야기는 그래서 여태껏 우리의 전통음악인 국악을 민족문화로 부활시킨 전설로 회자되고 있지 않습니까.

그런데, 도대체 이 일을 어찌하면 좋단 말입니까? 상임지휘자가 예술 감독을 겸하면서 대전연정국악원이 점점 국악관현악단으로 전락하고 있으니 말입니다. 상임지휘자가 예술 감독까지 겸하게 되면 필연코 국악관현악단으로 전락할 수밖에 없다는 단원들의 진심어린 충고를 매너리즘에 빠진 얼빠진 사람들의 넋두리로 매도하며 일을 이 지경으로 만든 대전시문화체육국 관계자는 하루빨리 대전연정국악원 정상화방안을 마련해야 할 것입니다. 아울러 민족음악의 바른 전승을 위한 자문기구도 구성하여 시·도립국악원의 자존심 대전시립연정국악원이 다시는 이렇게 시류에 휘둘리지 않을 대책도 서둘러 마련해야 할 것입니다.

〈디트뉴스24〉

누가, 자연의 섭리를 거스르는가?

산아 산아 계룡산아 민족영산 계룡산아! 수 태극에 뿌리박은 천하명산 계룡산아 천하명산 계룡산아! 여의주를 입에 물고 숫 용 암용 승천하니, 왜 아니리 천하 명산! 국사봉이 백호 되고 선인봉은 청용 되니, 용왕님도 좋을시고, 백호님도 좋을시고, 어미닭이 알을 품듯 도읍지를 품은 산아 태평성대 품은 산아…

산아 산아 계룡산아 민족영산 계룡산아! 천하명당 도읍지로 산 태극에 정기 받은 천하명산 계룡산아! 천황봉에 올라보니 금강줄기 눈에 들고, 제자봉을 내려서니 신도안이 발아랠세, 도읍지도 내 품일세, 천년고찰 신원사에 오층석탑 돌고 돌며, 님 소원도 빌어보고 공주 갑사 찾아들어 국태민안 빌어보세…

산 아 산아 계룡산아 민족영산 계룡산아! 나라걱정 큰 시름을 씻어 주는 계룡산아 천하명산 계룡산아! 삼불봉을 휘 돌아서 금잔디를 넘어서니 울 어머니 날 반기 듯, 남매 탑의 오누이가 나를 그리 반기 누나, 은선 폭포 청강수로 이내 시름 씻어내고 동학사로 찾아드니 진시황이 그 누구고 삼천갑자 누구더냐!

무사태평 도읍지를 어이 그리 모르는가? 해가 뜨니 광명천지 달이 뜨니 청풍명월, 산 아 산아 계룡산아, 산 아 산아 계룡산아! 이 노래는 정치 행정중심의 위용을 갖춘 수도가 한양이라고 노래한 정도전의 신도가처럼, 신행정수도의 안정적 추진을 소망하는 대전연정국악원 송년음악회

(2005년)에서 초연된 충청 신 민요다.

송도 5백년에 이씨가 나라를 한양으로 천도하고 한양 4백년에 정씨가 나라를 계룡산에 도읍한다. 산천이 풍부한 신도는 조야가 넓고 백성 다스림이 순하여 8백년 도읍지라 정감록은 그리 적었다. 그랬다. 5백년 도읍지 송도는 475년 만에 이씨가 나라를 한양으로 천도했고, 4백년 도읍지 한양도 조선왕조 몰락과 함께 그 기능을 상실했다.

그래서 대한민국의 백년대계를 걱정하는 많은 사람들이 한결같이 민족의 정신적 문화적 혈통을 이어갈 새로운 도읍지가 필요한 때라고 입을 모으고 있다.

단도직입적으로 말해 정감록은, 국운 상승을 주도할 대한민국의 서울 자리가 바로 계룡산 자락이라는 얘기다. 금강과 계룡산이 山태극 水태극을 이루고 비옥한 들이라 하여 한밭이라는 대전, 백제시대에는 충열의 고장, 고려시대에는 불교문화의 번성지, 조선시대에는 유학의 중심지 그 대전을, 필자는 감히 대한민국의 새로운 수도로 추천한다.

어느 대학 교수 논문에서 밝힌 남자는 너그럽고, 여자는 인자하고 고상하다는 대전인 얼굴에서, 지식인 밀집도가 가장 높은 대전의 잠재력에서, 일찍이 세계과학도시 연합(WTA)을 창설하고 39개국 77개 회원단체의 의장을 맞고 있는 대전의 자치역량에서, 자연재해가 전혀 없어 전국에서 가장 살기 좋다는 환경조건에서….

대전은 이미 수도 서울 이상의 역량을 십분 발휘하고 있다. 그럼에도 불구하고, 경제패권주의에 올인하는 중앙정부와 고질적인 패거리 정치가 태클을 거는 게 문제다. 세종시 문제도 그랬고, 또다시 정국을 뒤흔드는 국제과학비즈니스벨트 입지문제도 그렇다. 쓸데없는 용쓰지 말고 정치권은 그냥 자연의 섭리에 순응하면 될 일이다.

대한민국을 과학입국의 반열에 세우고 지난 40여 년 동안 국부창출을 주도한 공과만 인정하면 따로 힘쓰지 않아도 대덕연구단지가 세계 제일의 국제과학비즈니스벨트가 되는 건 시간문제다. 대한민국의 실리콘벨리가 대덕연구단지라는 걸 삼척동자도 다 아는데 정치권만 유독 딴청이다. 정치가 바로 사화갈등을 봉합하는 예술인데 말이다

화롯불을 오래 살릴 수 있는 비법은 들 쑤석이지 않고 다독거리는 거다. 지금은 따사로운 남녘 바람이 그리워지는 겨울의 끝자락이다. 질편하게 녹아내리는 춘설처럼! 올 봄에는 우리 충청인 모두의 시린 가슴이 그렇게 녹아버렸으면 좋겠다. 대전 충청인 모두의 신명을 책임질 대전연정국악원의 봄맞이는 그래서 더더욱 바쁜가보다.

중앙정부가 죽어야 지방정부가 산다

본격 지방자치 23년 세월에도 직접선거로 지방의회 의원과 단체장을 뽑는다는 것 말고는 어느 것 하나 달라진 것이 없는 무늬만 지방자치를 우리는 언제까지 우두커니 마냥 지켜보고 있어야만 하는 것일까? 지방분권이라는 시대정신 따위엔 관심조차 없고 오로지 정치세력화에만 혈안이 되어 있는 정치인들 손아귀에서 민주국가의 중심가치인 원칙중심의 사회가 뿌리째 흔들리고 있다.

박근혜정부가 2기 내각을 출범하면서 국정철학을 "국가 개혁"으로 정한 그 자체가 오늘 우리 대한민국사회의 현 주소를 잘 설명하고 있지 않은가? 그렇다? 지금 우리에게는 중앙집권으로 만신창이가 된 30년 개발독재의 적폐를 하루 빨리 청산하는 일부터 서둘러야 한다. 한강의 기적을 일군 3공화국 때부터 실타래처럼 얽혀버린 난제들을 풀어낼 대국민적 합의가 무엇보다 시급하다.

신의 절대 권력을 쟁취한 서구의 풀뿌리 민주주의가 바로 지방자치의 역사라는 사실을 잘 알면서도 우리는 어쩌자고 철없는 정치권의 눈치만 살피고 있는 것인가 말이다. 위기가 닥치면, 스스로 꼬리를 잘라버리고 줄행랑을 치는 그래서 목숨을 부지하는 도마뱀의 생존전략을 우리는 타산지석으로 삼아야할 것이다.

왜 무엇 때문에 지방자치를 해야 하는지조차도 모르는 중앙정부, 자치역량이 절대적으로 부족한 지방정부와 시민사회가 연대해서 지방자치를 망치고 있다. 자율성도 없고 이대로의 지방자치! 더 이상은 안 된다. 사실 오늘 우리의 지방자치는 이른바 6. 29 선언으로, 노태우 정권을 굴복시킨 전리품에 불과하다.

정부는 지방분권에 전혀 생각이 없는데 민중들이 억지로 중앙정부 권력을 나누어 가진 불로소득쯤이라고 해야 맞는 표현일 게다.

잘 아시는 바와 같이, 우듬지를 싹둑 잘라 버린 5.16군사혁명 정부출범에서부터 우리 지방자치의 슬픈 역사는 시작되었다. 조국근대화라는 명제아래, 지방자치를 중앙정부로 헌납했어야했고, 국민들은 효율만 중시하는 중앙정부의 절대 권력 앞에서 헌법에 보장된 기본권까지도 내놓아야만 했던 정말 암울했던 그 시절부터 말이다.

필자는 여기에서 한강의 기적을 일구어낸 제3공화국의 치적까지를 폄훼할 생각은 없다. 다만, 지구상에서 가장 좋은 정치제도로 손꼽히는 지방자치제도를 유린했던 정치가 잘못됐다는 것이다. 풀뿌리 민주주의를 통하여 진정한 민주국가의 시민의식을 키워나갈 기회를 박탈한 사실을 탓하고 싶을 따름이다.

어떻습니까? 주눅 들었던 군사정부 30여년, 해방감을 만끽한 문민정부, 국민의 정부, 참여정부 15년을 거쳐 오면서 우리가 언제 민주주의다운 정치를 제대로 한번을 해 본적이 있습니까? 정권창출에만 혈안이 되어 있는 정당들과 지방분권이 매우 못 마땅한 중앙정부 속내가 맞아 떨어진 세월들 이니었습니까?

늘 동상이몽인 중앙정부와 정치권이 그동안 대한민국의 민주주의를 얼마나 많이 피폐하게 만들었습니까? 민주국가의 중심가치인 법치주의를 실종시켰고, 우리민족의 가치관인 도덕적 규범마저 무참하게 짓밟아서, 그래서 믿을 데가 없는 국민들은 그냥 스스로 알아서 자신을 지켜 내야하는 딱한 처지로 내몰지 않았습니까?

떼법이 난무하는 흉흉한 국민들의 일상이 바로 중앙정부와 무지한 정치인들 손아귀에 휘둘린 정치적 산물이 아니었습니까? 한치 앞도 내다 볼 수가 없는 오늘 우리 대한민국을 살리는 길은 오직 하나밖에 해답이 없습니다. 『중앙정부가 죽어야 지방정부가 삽니다.』 '공자가 죽어야 도덕이 산다.'는 도올 선생의 주장처럼 말입니다.

섣부른 지방자치가 생사람을 잡았다

우리 속담에 '선무당이 사람 잡는다.'는 말이 있다. 의술에 서툰 사람이 치료를 해준다고 하다가 사람을 죽이기까지 한다는 뜻으로, 능력이 없어서 제구실을 못하면서 함부로 나서다가 큰일을 저지르게 됨을 비유적으로 이르는 말이다. 제 앞가림도 못하면서 국가와 민족을 책임지겠다고 날뛰는 위정자들을 두고 한 말인 듯싶다.

1945년 8월 15일 일본의 항복으로 제2차 세계대전이 끝나면서 독립을 해서, 1948년 8월 15일 대한민국 정부를 수립하였으니, 우리나라가 근대국가 체제를 갖추고 민주주의를 표방한지도 어느덧 64년째를 맞이하고 있다. 그럼에도 불구하고 우리나라의 정치 수준은 여전히 3류라는 여론이 지배적이다.

필자도, 이 말에 전적으로 동의한다. 곽노현 서울시 교육감과 무상급식문제로 티격태격하던 오세훈 서울특별시장의 사퇴를 지켜보자니 울화가 치민다. 20년 세월이 지나도록 늘 그 타령인 우리의 지방자치를 더 이상 지켜봐야 하는 건지 정말 복장이 터진다. 소속정당인 한나라당은, 독단적인 오세훈 시장의 행동으로 큰 데미지를 입었다고 몰아세웠다.

우리 한 번, 생각을 뒤집어 보자! 만약 이번 주민투표에서 곽노현 교육감이 주장하는 전면 무상급식문제를 잠재워버렸다면, 그랬다면, 과연 오세훈 시장을 진정한 승자라 치켜세울 참이란 말이었던가? 필자는 이 대목에서, 사소한 일에 목숨을 건 오세훈 시장과 팔짱을 끼고 강 건너 불구경만 했던 한나라당에 연민을 느낀다.

 1961년 5.16혁명정부가 지방자치를 중단시키지만 않았어도, 1991년 부활한 지방자치를 제대로만 시행했어도, 거침없이 대권 가도를 달리던 유능한 정치지도자 한사람을 희생양으로 삼지 않았을 텐데…. 이번 오세훈 시장의 무상급식 해프닝을 지켜보면서, 현실을 제대로 직시하지 못하는 대한민국 3류 정치에 다시 한 번 비애를 느낀다.

 그렇다. 5.16혁명정부가 중앙정부로 빼앗아 간 시·도지사의 고유사무(교육·치안)를 지방정부로 돌려주지 않는 한, 그래서 현행의 자치단체인 시·도가 완벽한 지방정부 형태로 위상을 강화하지 않는 한, 우리의 지방자치는 이미 지방자치를 포기한 거다. 그저, 무늬만 지방자치일 뿐이다.

 5.16군사혁명으로 지방자치가 중단되기 전까지는 시·도의 교육과 치안을 시·도지사 직접 관장했다. 문제는 1991년 지방자치를 부활하면서 시·도지사의 고유사무였던 일반 행정과 교육행정, 치안행정을 떼어놓고 지방자치를 시작한 게 화근이다. 그렇다. 교육은 치안과 함께 지방자치의 중요한 구성요소다. 그리고 지방자치는 문자 그대로 지방정치다.

 유기체와 같은 주민의 일상이자 자치행정의 주체인 교육, 치안을 어떻게 두부 모 자르듯 그렇게 갈라놓을 수가 있단 말인가? 교육자치를 지방자치에서 완전히 분리시켜야 한다는 그런 논리라면 아예, 헌법 제31조 4항에 명시된 교육의 자주성, 전문성, 정치적 중립성을 보장하는 교육 국회도 따로 만들어야 하지 않겠는가?

세상 어디에도 이런 비효율적인 정치제도는 없다. 세계는 지금 산업사회, 정보화 사회를 거치면서 세분화된 시스템을 융합이란 이름으로 통합시키는 중이다. 우리 정부도 이제는 결단을 내려야 할 때다. 잘못된 정치제도를 놓고 20년씩이나 입씨름하는 나라가 세상천지에 어디 또 있는가를 위정자들은 직시해야 한다.

그래서 이번엔 기필코 완벽한 지방자치의 새 틀을 짜야만 한다. 한 나라의 정치 질서를 뒤흔든 이번 서울특별시 무상급식문제와 관련된 일련의 사태를 지켜보고도, 그러고서도 우리의 지방자치가 무엇이 문제인지 모르겠거든 "시·도지사가 교육에 예산을 지원하면서도 관여하지 못해서 문제가 많다."는 고(故) 김대중 대통령 어록을 정치권은 다시 한 번 음미해보기를 바란다.

당신네들처럼 맥도 모르고 침 대롱만 뽑아들고 날뛰면 그게 바로 선무당이 사람 잡는 거다. 위정자들이여! 지금 우리의 시대상황이 5.16혁명 직전과 닮아가고 있다는 저잣거리의 소리를 외면하지 말라. 대책이 없는 3류 정치를 지켜보자니, 문득 "이 세상에서 가장 슬픈 일은 세상을 하직하는 일이고, 그 보다 더 슬픈 일은 상황인식을 제대로 못하는 일"이라는 시 한 수가 뇌리를 스친다.

2011. 9. 6. 금강일보 〈금강의 창〉

대전을 CT테마 파크로 추천한다

　지금 이대로만이라도 한국사회가 굴러갈 수 있으면 좋으련만 경제는 세계 10위권을 자랑하면서도 자살률이 세계 1위라는 한국경제의 허상! 이른바 부의 양극화현상을 어떻게 극복할 수 있을까? 걱정이 앞선다. 존·러스킨은 금전을 기준으로 인간이나 산업을 평가하는 것을 정면으로 반대했었다.

　돈을 더 많이 버는 사람과 기업만을 우대하는 시대상황을 두고 그는 "인간의 생명이나 자연미, 역사까지도 파괴하고 결국은 인간의 품위와 생의 가치마저 빼앗기게 될 것이다."라고 경고했다. 러스킨이 주창한 문화경제학은 물질만능에 빠진 영국사회의 상식과 가치관을 완전히 뒤엎은 충격적인사건으로 회자되고 있다.

　그의 저서를 통해 러스킨은 인간과 자연환경이가지고 있는 모두 고유가치들은 인간의 생명과 생활에 기여하도록 시스템을 정비해야한다는 당위성을 제기했다. 그러면서 그는 예술성과 문화성이 없는 재화들은 무가치한 것이며 그것을 생산하기 위한 자원의 배분 또한 쓸데없는 사회적 낭비라고 역설하였다.

　인간의 개성을 가장 존중하는 인간중심의 경제학을 태동시킨 러스킨의 「문화경제학」은 경제적 동기에 의한 비용과 금전증가만을 추구하는 경제보다 인간의 전면적인 발달을 위한 문화예술과 융합된 경제에 더 큰 고유 가치를 부여했다. 복지정책에만 올인하는 우리정부가 타산지석으로 삼아야할 대목이다.

　이렇듯, 고유 가치를 보는 눈이 높은 사회를 가장 이상적인 사회로 규정한 러스킨의 문화경제학을 들추지 않더라도, 경제는 도덕적 완성을 위한 수단이 되어야한다는 인간중심의 유학사상을 우리는 너무 까마득히 잊었다. 오로지 인간을 편하게 하는 기술(IT : information technology)만 맹종하면서 말이다.

　문화의 21세기는 인간을 즐겁게 하는 기술(CT: culture technology)을 사회적 가치로 여기는 사회다. 경제적 손익만 따지느라 문화예술을 방치하거나 보전하지 못한다면 다음 세대의 삶의 질이 그만큼 떨어질 것이 자명한일이다. 일제 36년 문화말살정책이 그랬고 한강의 기적을 일군 개발독재 30년이 그랬다.

　영원한 파라다이스라는 확신으로 60억 인류가 뒤쫓던 20세기 물질문명이 쇠퇴하고 동양의 정신문명이 21세기를 지배하게 될 것이라는 인류학자들의 예측이 하나 둘 현실로 다가서고 있다. 그렇다. "정신문명이 물질문명에 우선한다."는 페러다임의 변화를 통해서 우리는 지금 역사의 진정성을 뼈저리게 통감하는 중이다.

　"30년 전 성취동기가 30년 후 그 사회의 성공여부를 결정한다." 사회학적 정의를 가장 빠른 시간 안에 입증한 대한민국 실리콘벨리 대덕연구단지가 사회복지에 눈 먼 정부 시책에 밀려 활력을 잃은 지가 이미 오랜데, 설상가상으로 패거리 정치가 또 한 차례 짓밟아 뭉개고 있다.

국제과학비지니스벨트는 대덕 연구단지를 업그레이드 하겠다는 정부 차원의 로드맵이지, 정당의 선거공약으로 좌지우지할 일은 아니었다. 한 표라도 더 얻을 요량으로 지껄여본 선거공약이었다면 애시 당초 그냥 놔두기만 하면 될 일이다. 그러면 일이 꼬일 일도, 골치 아플 일도 없다. 아직도 늦지 않았다.

황금만능의 정점에서 부러울 게 하나 없는 60억 인류가 21세기를 굳이 문화의세기로 설정한 까닭이 무엇인지를 다시 한 번 곰곰이 되짚으면 된다. 문화의 21세기 주역으로 통하는 길은 하나뿐이다. 누가 먼저, 인간을 편하게 하는 기술(IT)과 인간을 즐겁게 하는 기술(CT)을 융합하느냐에 따라 국가의 명운이 결정되기 때문이다.

필자는 지난 38년 동안 대한민국의 첨단과학을 주도해온 대덕연구단지 일원을 과학기술과 문화예술이 어우러진 CT테마파크로 추천한다. 과학도시라는 찬사를 받으면서도 우리는 늘 그들을 외면했던 게 사실이다. 지금도 늦지 않았다. 인류의 영속을 위해 25시를 사는 대덕연구단지 2만5천어 식학들과 머리만 맞대면 될 일이다. 국제과학비즈니스문제도 그렇다.

'대한민국의 新 중심도시 대전건설'을 위한 提言

21세기 시대정신인 지방분권 따위에는 관심조차도 없고 오로지 정권창출에만 혈안이 되어 있는 정당들 틈바구니에서 민주국가의 중심가치인 원칙중심의 사회가 뿌리째 흔들리고 있다. MB정부가 후반기 국정철학을 "공정한 사회"로 설정한 자체가 오늘 우리 한국사회의 현 주소를 잘 말하고 있지 않은가?

그렇다? 존 롤즈의 주장대로 "공정성이야말로 정의사회를 이루는 핵이고 요체이다." 지금 우리에게는 중앙집권체제의 적폐를 하루 빨리 청산하고 한강의 기적을 일군 개발 년대를 거치면서 실타래처럼 얽혀버린 난제를 풀어낼 사회적 합의와 이를 실현할 제도적 장치를 마련하는 일이 무엇보다 시급하다.

무기력한 정부와 미덥지 못한 정당들 손아귀를 하루 빨리 벗어나 주민 스스로가 민주국가의 주체가 되는 풀뿌리 민주주의를 성공시켜야하는 일 말이다. 신의 절대 권력을 쟁취한 슬픈 역사, 그 자체가 바로 선진국지방자치의 현주소다. 우리는 어쩌자고 정부와 정치권의 눈치만 살피고 있는 것인가 말이다.

위기가 닥치면, 재빨리 꼬리를 잘라버려 목숨을 부지하는 도마뱀의 생존전략을 우리는 타산지석으로 삼아야할 것이다. 무엇 때문에 지방자치를 하는지조차 모르는 정치권과 중앙정부, 자치역량이 절대 부족한 지방정부와 시민사회가 공동으로 지방자치를 망치고 있다. 이대로의 지방자치! 더 이상은 안 된다.

　우리는, 사람을 소신과 원칙을 중시하는 강경파와 상황에 따라 적당히 적응하는 온건파로 분류한다. 자기 손해를 보면서도 소신과 원칙중심으로 사는 사람을 고지식한 사람, 양심적인 사람이라고 부르며 신뢰하게 된다. 그러나 사람들은 양심적인 사람이라고 평가는 하면서도 실제로는 그를 거북스러워한다.

　사람들은 대체로 손해를 보지 않고 자기 앞가림만 잘하는 사람을 원만한 사람으로 평가하며 좋아한다. 그러면서도 사람들은 상황에 따라 적당히 처신하는 그를 신뢰하지는 않는다. 특이한 점은 크게 성공한 정치인이나 CEO일수록 대체로 고지식한 원칙 중심형이라는 점이 매우 흥미롭고 인상적이다.

　전자를 법치주의를 근간으로 지방자치를 성공시킨 선진국으로, 후자를 민주주의라는 미명하에 떼 법에 쩔쩔매는 후진국이라 이르면 지나친 표현일까? 원칙 같은 선 온네 간네 없고, 상황에 따라 우왕좌왕하는 오늘 우리의 지방자치 현주소가 바로 앞가림만 잘하는 신뢰받지 못할 그런 사람스타일 아니었던가!

　그랬다? 우리의 지방자치는 성공하겠다는 분명한 로드맵으로 출발한 제도가 아니었다. 사실 오늘 우리의 지방자치는 이른바 6. 29 선언으로, 신군부 노태우 정권을 굴복시키고 얻어 챙긴 전리품이었다. 쉽게 말해 정부는 전혀 분권할 생각이 없는데 민중들이 중앙정부 권력을 억지로 나누어 가진 불로소득쯤이라고나 할까?

아시는 바와 같이, 우듬지를 싹둑 자른 5.16군사혁명 정부에서부터 우리 지방자치의 슬픈 역사는 시작되었다. 조국근대화라는 명제 아래, 헌법에 보장된 지방자치제도를 중앙정부에 헌납해야했고, 국민들은 효율만을 중시하는 중앙정부의 절대 권력 앞에 기본권까지도 내놓아야했던 정말 암울했던 그 시절부터 말이다.

필자는 여기에서 한강의 기적을 일구어낸 제3공화국의 치적까지를 폄훼할 생각이 전혀 없다. 다만, 지구상에서 가장 좋은 정치제도로 손꼽히는 지방자치제도를 유린함으로써 풀뿌리 민주주의를 통하여 진정한 민주국가의 시민으로써의 의식을 함양할 기회마저 박탈한 그 기막힌 사실에 대하여 탓하고 싶은 것이다.

어떻습니까? 주눅 들었던 군사정부 30여년, 해방감을 만끽한 문민정부, 국민의 정부, 참여정부 15년을 거쳐 오면서 우리가 언제 민주주의의다운 지방자치 한번을 제대로 해 본적이 있습니까? 솔직히 정권창출의 근거지를 잃지 않으려는 정당들과, 지방분권이 못 마땅한 중앙정부 속내가 맞아 떨어진 세월들 아니었습니까?

동상이몽인 중앙정부와 지방정부가 그동안 대한민국의 민주주의를 얼마나 많이 피폐하게 만들었습니까? 민주국가의 중심가치인 법치주의를 실종시켰고, 우리민족의 가치관인 도덕적 규범마저 무참하게 짓밟아서, 그래서 믿을 데가 없는 국민들은 그냥 모든 걸 감내하고, 자신을 스스로 지켜내야 하는 딱한 처지로 내몰지 않았습니까?

떼법이 난무하는 흉흉한 국민들의 일상이 바로 중앙정부와 지방정부가무지한 정당들 손아귀에 휘둘린 정치적 산물이 아닙니까? 한치 앞도 내다 볼 수가 없는 오늘 우리 대한민국을 살리는 길은 오직 하나 밖에 없습니다. '공자가 죽어야 도덕이 산다.'는 도올 선생의 주장처럼 '중앙정부가 죽어야 지방정부가 삽니다.'

필자는 그러한 면에서 "대전을 대한민국의 신 중심도시로 만들겠다."는 민선 5기 염홍철 시장의 시정철학이 바로 위기의 대한민국을 향해 던지는 화두라는 확신을 가집니다. 더 늦기 전에 누군가는 손을 써야합니다. 위기에 처하면 꼬리를 자르고 생명을 부지하는 도마뱀처럼! 지방정부가 무지한 중앙정부를 잘라버리면 안 되는 것입니까?

국부창출의 보고인 첨단과학도시 대전에서, 지식인밀집도가 가장 높은 문화도시 대전에서, 자연재해가 전혀 없어 대한민국에서 가장 살기 좋은 복지도시 대전에서…. 어느 면을 뜯어보더라도 행정수도의 위용을 제대로 갖춘 충절의 고장 대전에서, 이미 실권(失權) 지경인 대한민국의 법치주의를 바로 세우는 일에 앞장서면 안 되는 것입니까?

지방교육자치 이렇게 개선되어야 한다
― 제1기 민선자치단체장 선거를 앞두고

들어가는 말

새로운 지방교육자치제도가 여론수렴과 합리적인 논의과정을 거쳐 마련된 것은 사실이지만, 그렇다고 그것이 완전한 제도일 수는 없는 것이다. 모든 제도가 그렇듯이 우리의 지방교육자치도 미리 예측하거나 검증해보지 못했던 문제점들이 교육자치 실행과정에서 속속 드러나고 있다. 지방교육 자치를 실시한지가 불과 3년 밖에 안 되는 짧은 기간이었지만, 우리는 이쯤에서 문제투성이로 지적되고 있는 지방교육자치제도의 보다 발전적인 방향을 모색해야할 필요성을 공감하고 있는 것이다.

따라서 본고에서는 현행지방자치와 지방교육 자치에 관한 법률에 의해서 실시되고 있는 교육자치 현장에서 지방의회와 지방교육위원회와의 엉성한 관계 설정에서 오는 갈등문제, 교육자치의 성공을 위한 필수조건인 자주재원 확충방안은 도외시한 채 80%이상의 의존재원에 내몰리게 한 교육자치의 재정 빈곤 문제 등, 지방교육자치제도가 당면한 제반 문제점들에 대하여 심도 있는 검토와 논의를 통해서 지방교육치제도의 보다 바람직한 발전지향적인 방안을 모색해보고자 한다.

시·도의회와 교육위원회의 법률적 지위

지방의회는 '지방의회를 두도록 하고 있는 헌법 제118조 제1항과 지방자치법 제26조의 규정'에 의거해서 설치된 헌법상 필수기관이다. 그러나 교육위원회는 지방자치법 제112조 제1항 내지 제2항의 규정에 근거한

'지방교육자에 관한 법률'에 의거 지방자치단체의 사무인 교육·과학 및 체육에 관한 사무를 교육의 자주성, 전문성, 정치적 중립성을 보장한다는 명분으로 지방정부가 설치한 지방정부의 하부행정기관에 불과할 뿐이다.

그렇다. 지방자치법 제6장은 지방자치단체의 집행기관이라는 표제 하에 제5절에서 교육·과학 및 체육에 관한 사무를 분장할 기관을 포함하고 있으므로 지방교육자치 사무를 담당하는 교육청과 교육위원회는 현행 법률체계상 마땅히 지방자치단체의 하부행정기관으로 보는 것이 타당할 것이다. 현행 법률체계는 이러한데 '지방교육 자치에 관한 법률' 제3조에서 교육위원회를 지방자치단체의 교육·학예사무에 대한 의결기관으로 규정함으로써 교육위원회가 지방의회와 동등한 의결기구로 혼동케 하는 단초를 제공한 것이다.

먼저, 지방자치법과 지방교육 자치에 관한 법률의 연관관계를 살펴보면 이법을 입법한 입법자의 의도는 교육·학예사무를 지방자치단체의 일반 행정으로부터 분리하여 이를 자지석으로 처리하기 위하여 별도의 교육행정기관을 설치하고 지방교육재정을 지방재정으로부터 분리하여 교육비특별회계(지방교육 자치에 관한 법률 제47조)를 두도록 했는데, 이는 지방교육 자치에 관한 법률 제1조에서 규정한 교육의 자주성, 전문성, 지방교육의 특수성을 살리자는데 그 목적이 있는 것으로 이해를 하여야 할 것이다.

이원화된 자치제도에서 파생되는 문제점

지방자치와 지방교육자치를 실시한 지 이제 겨우 3년 정도밖에 경과되는 시점에서 제도의 성공여부를 평가하는 일이 너무나 성급한 일이라고 지적할지는 모르지만, 우리나라의 교육자치제도가 선진국의 제도를 도입한 것이므로 이를 우리의 실정에 맞게 발전시키기 위해서는 상당기간 동안 부단한 노력을 경주해야 할 것으로 생각되어진다. 따라서 여기에서 그동안 현행 법률에 따라 실제 운용되고 있는 시·도의회와 교육위원회를 이원화시킴으로서 발생하고 있는 현실적인 문제점들에 대하여 살펴보고자 한다.

교육계가 제기하는 문제의 요지는 '교육이 헌법 제31조에서 교육의 자주성, 전문성, 정치적 중립성이 보장되어있으므로 교육자치를 지방자치에서 완전 분리해야한다.'는 주장이다. 지방의회는 정당가입이 허용되는 의원들로 구성된 정치조직인데 교육에 관한 사항들을 지방의회에서 최종 의결토록 하는 것은 교육의 정치적 중립성을 심각하게 저해할 뿐만 아니라, 교육은 심오한 가치판단이요구되는 전문영역이므로 정치집단인 지방의회가 아닌 교육전문가 집단인 교육위원회에서 운영되어야 한다는 주장이다.

또한 교육계는 현행처럼 교육위원회에서 심의 의결한 안건을 다시 지방의회에 부의하여 심의 의결하기 위하여 지방의회와 교육위원회를 둔다는 것은 막대한 시간과 인력낭비와 행정의 신속성과 능률성을 초래할 뿐만 아니라 교육자치의 실익에도 전혀 도움이 될 수 없으므로 헌법에 보장된 교육의 자주성, 전문성, 정치적 중립성 확보를 위해서는 교육위원회가 정치집단인 지방의회에 절대 예속되어서는 아니 되므로 현행 교육위원회를 반드시 교육의회로 완전히 분리를 해야 한다고 목소리를 높여가고 있다.

'헌법 제31조에 제시된 교육의 자주성, 전문성, 정치적 중립성을 보장하기 위하여 교육위원회를 교육학에 사무에 대한 최고의결기관으로 독립해야 한다.'는 교육계의 주장은 교육전문가 집단의 아전인수식 논리의 비약일 뿐이라는 반대여론도 만만치가 않다. 우리의 헌법에서 지방자치는 보장하고 있지만 교육 자치는 보장하고 있지 않기 때문이라는 지적이다. 여기에서 잠깐 지방자치와 교육자치에 관한 학자들의 서로 상반된 의견을 살펴보고자 한다.

강영삼(국민대)교수는 '교육위원회의 교육시책이나 활동이 지방의회의 통제를 받아서는 안 되기 때문에 지방의회는 교육위원회가 요청하는 사항에 대해서만 의결해야 한다.'라고 주장하고 있는데 반해 정세욱(명지대)교수는 '지방자치단체에 지방의회와 별개의 독립된 의결기관인 교육위원회를 두는 경우에는 한 개의 자치 단체 안에 두 개의 의결기구를 설치하는 결과'가 될 뿐이라고 지적하면서, 이러한 형태는 지방자치 원리에도 맞지 않을 뿐만 아니라 그런 예도 없다는 주장으로 맞서고 있다.

또한 심남진(고려대)교수는 '교육법에서 교육위원회를 위임형 의결기관으로 한 것은 지방자치법과 모순되며 현행 교육자치제도「협동」보다는「분리」에 주력한 결과로써 지방자치단체에서의 교육지원 등에 상당한 문제점이 발생할 것으로 예측된다는 주장을 펴고 있다. 지금까지 논의되고 있는 교육 자치에 대한 의견들은 다음에 열거하는 몇 가지 전제조건을 무시한 채 문제를 위한 문제를 제시하기 때문에 교육자치제도 발전에 기여하지 못하고 논리적 비약만 거듭하고 있다는 생각이 든다.

첫째, 지방자치가 제대로 선행되어야만 교육자치제가 제대로 성공할 수 있다는 사실을 간과하고 있다는 사실이다. 이 말은 지방교육자치란 지방자치의 종속개념일 뿐 결코 지방자치의 상위개념이 될 수 없음을 뜻한다. 지방자치제를 실시하는 궁극적인 목적을 지방자치단체가 중앙정부로부터 완전분리 독립된 지방정부의 개념으로 이해한다면 지방정부에는 의결기관이 분명 1개만 존재해야 한다는 법리해석으로 귀결되리라고 본다.

교육위원회가 지방의회에 종속 될 수 없다는 주장이 바로 지방정부는 중앙정부의 통제 하에 있는 지방자치 단체일 뿐이라는 발상에서 비롯되고 있음을 지적하지 않을 수가 없다. 지역주민이 지방정부의 주체인 것이 지방자치제도의 개념인 이상 교육 사무는 어떠한 경우에도 주민대표로 구성된 지방정부의 최고의결기구인 지방의회의 심의대상이 되어야 할 것이다. 지방자치와 교육 자치를 마치 한 개의 지방정부에 지방의회와 교육위원회로 분리 독립된 의결기구로 착각한다면 이는 지방자치제도에 큰 혼란만 야기하게 될 것이기 때문이다.

둘째, 교육자치 실시의 근본취지는 교육의 민주화에 그 목적이 있음을 간과하고 있다는 사실이다. 교육 자치를 실시하는 목적이 마치 자신들의 당면한 문제들의 해결을 위한 것 인양 아전인수로 해석한다면 민주화를 목적으로 실시하는 지방자치제의 큰 흐름은 놓쳐버린 채 미시적인 이해관계에 매몰되는 함정이 빠지게 될 것이다. 가령 이 제도가 개인 또는 특정집단에게 어떤 이익과 손실을 가져올 것인가 하는 소극적인 시각으로 본다면 민주화라는 지방자치의 본질은 망각한 채 자신들의 이해득실만 따지는 실수를 범할 수밖에 없다는 말이다.

교육자치의 성공여부는 결코 권한을 얼마만큼 지방자치단체에 빼앗기느냐, 또는 교육위원회가 독립의결기구로 존치하느냐, 교육전문가집단의 권한을 얼마만큼 강화하는데 문제가 있는 것이 아니고, 어떻게 하면 교육의 경직성과 획일성을 제도적으로 차단하면서 교육의 자율성과 다양성의 길을 점진적으로 확산시켜 나갈 것인가 하는 문제가 교육자치의 본질임을 직시해야할 것이다. 교육재정 등의 여타 문제들은 도외시 한 채 마치 교육자치가 교육전문가집단의 전유물로 착각한다면 이는 결코 교육민주화에 크게 역행하는 결과를 초래하게 될 것이다.

셋째, 교육의 자주성은 독자적인 행정기관만 존재한다고 해결될 일이 아니며 독자적인 재원이 수반되어야한다는 사실을 간과하고 있다는 사실이다. 독자적인 재원을 마련하지 못한 상태에서 분리 독립된 교육행정기관은 오히려 교육의 자주성을 크게 해치는 결과를 초래할 수밖에 없을 것이다. 그동안 교육계가 교육의 독자적인 재원마련은 도외시한 채 교육의 자주성확보만을 지나치게 강조한 나머지 교육행정이 일반 자치행정으로부터 간극이 더 벌이는 결과만 초래케 함으로써 교육행정이 지나치게 배타적이고 폐쇄적이었다는 지적을 면키 어렵다.

넷째, 교육 학예에 관한 사무가 지방정부의 구성주체인 주민과 떼어놓을 수 없는 불가분의 관계라는 사실을 간과하고 있다는 것이다. 교육의 자주성, 전문성, 정치적 중립성 확보를 위하여 교육문제를 지방자치로부터 완전히 독립시키고 교육은 교육전문가집단이 전담해야한다는 주장은 지방자치에 대한 단편적인 견해와 이해부족에서 기인되고 있다는 생각이다. 거듭 언급하지만, 지방자치제도하에서의 지방의회는 헌법상 보장된 지방정부의 최고의결기관이며 교육행정에 대한 결정권한을 포괄하고 있으므로 교육위원회를 독립의결기구화 할 수가 없을 것이다.

따라서, 민주주의의 기본원리에 의하여 지방의회가 가진 당연한 지방행정에 대한 의결권에 교육위원회가 부당하게 예속된다고 보거나 지방의회의 의결권한이 교육자치발전을 크게 저해한다는 주장, 또는 교육위원회가 지방의회와 동등하게 의결권을 나눠가져야 한다는 주장을 펴는 것은 지방자치제도의 근본취지를 망각한 허무맹랑한 발상이라 하겠다. 지방의회와 지방교육행정기관의 관계는 의회주의라는 민주주의의 기본원리라는 관점에서 보아야 할 것이며, 막연하게 교육행정이 일반 행정에 예속된다고 보는 시각 또한 억지 논리에 불과하다 할 것이다.

그렇다. 교육행정을 지방자치단체의 일반 행정으로부터 분리·독립시킨다는 것은 행정기관내부에서 기능의 분화를 통하여 교육의 자주성, 전문성, 정치적 중립성을 살려야한다는 의미일 뿐 지방정부의 최고의결기관에 해당하는 지방의회로부터 교육위원회를 완전 분리 독립해야한다는 뜻은 아니라고 본다. 따라서 교육행정은 지방자치단체의 일반 행정과 동등한 지위에서 행정을 수행하되 지방정부의 최고입법기관인 지방의회의 입법권한 아래 놓여있음을 재인식하여야할 것이다.

교육이 일반 행정으로부터 분리되어 있다고 해서 교육행정이 일반 행정과 단절되는 것이 아니라는 사실을 똑바로 인식해야할 것이다. 적령아동취학에 관한 업무, 국토이용관리계획 도시계획 등에 따른 학교배치계획, 학교설치를 위한 부지확보, 학생들의 통학 등과 관련된 교량 도로교통 행징, 청소년을 위한 도서권의 설치, 학생 청소년을 위한 체육 오락시설 등의 설치, 학교환경 보호를 위한 정화구역의 설정 등, 교육행정을 일반 행정과 떼어놓을 수 없는 불가분의 관계라는 현실적인 문제들을 교육전문가집단은 분명히 재인식해야 할 것이다.

그리고 앞으로 시행될 교육세 부과 징수 및 교육비특별회계로 전입될 교육재정 확보와 관련된 업무(한시세로 두고 있는 교육세를 지방재정으로 확보하는 문제, 80%이상의 의존재원으로 되어있는 구성되어 있는 교육재정을 자주재정으로 확보하는 문제) 등과 같이 중요한 업무들이 일반 행정과 직간접적으로 관련되어있으므로 교육자치가 독립된다고 해서 어느 것 하나 독자적으로 수행할 수 없는 실정이다. 따라서 교육행정이 보다 더 안정적이고 원활하게 추진되기 위해서는 일반 행정으로부터의 적극적인 협조체제구축으로 시야를 넓혀야할 것이다.

교육자치의 바람직한 발전방안

지방자치단체의 장은 임명직으로 하면서 지방의회만 선출직으로 구성함으로써 반쪽지방자치라는 비판적인 시각 속에서 지방자치가 실시된 지 4년 만에 1995년 6월이면 지방자치단체의 장을 민선으로 선출할 수 있도록 관련법이 개정됨으로써 드디어 일정한 지역을 기초로 하는 자치단체가 자기의 사무, 즉 일반 행정을 그 지역 주민의 의사에 따라, 자기의 기관과 재원에 의해서 독자적으로 행정을 수행할 수 있게 됨으로써 이제야 비로소 명실상부한 본격지방자치시대를 맞이할 수 있게 되었다.

본격지방자치시대를 맞은 지역주민들은 국가의 교육운영의 관점에서는 국민의 자격으로, 지방자치단체의 교육운영의 관점에서는 주민의 자격으로 보다 더 품격 높은 교육행정서비스를 요구하게 될 것이다. 따라서 앞으로의 교육자치문제는 지방정부가 수행할 업무 중 가장 비중이 큰 업무로 그 위상을 재정립하지 않으면 안 될 상황에 직면하게 될 것이다. 그러한 면에서 법체계가 모호하고 이론적 논거부족으로 쟁점의 대상이 되고 있는 현행의 교육자치제도는 다음과 같은 몇 가지 시각에서 전체구도를 달리하는 방향으로 발전방향이 모색되어져야 할 것이다.

첫째, 지방화 시대에 적합한 교육발전을 위해서는 완벽하지 못한 교육자치의 현행법체계를 지금처럼 유리한 쪽으로만 해석하며 권한확대나 지위향상을 위하여 지방자치단체의 일반 행정과의 대등한 위상만 가지려는 근시안적인 체제의 인식을 과감히 탈피하여야 할 것이다. 민선단체장이 선출되면 그 지역의 교육문제는 마땅히 지방정부를 총괄하는 민선단체장의 가장 중요한 업무로 재인식케 하고 교육에 관한 최종적인 권한과 책임이 민선단체장에게 있음을 명확히 규정하는 법률체제의 개편을 하루빨리 서둘러야할 것이다.

둘째, 교육 자치는 지방자치의 범위 내에서의 접근이 필요하다. 즉 교육의 자주성, 전문성, 정치적 중립성을 고려하여 비록 교육 자치를 교육학예를 전담하는 별도의 기관(교육청, 교육감)에서 행정수행을 분담하도록 '지방교육 자치에 관한법률'을 운용하고는 있지만, 교육 자치는 지방자치와 대등한 관계라기보다는 교육의 특수성을 고려한 최소한의 관계설정에 불가하다는 사실을 직시해야 할 것이다. 따라서 지금과 같이 교육행정을 일반 행정으로부터 분리·독립되어야한다는 관점에서가 아닌 상호협력의 관점으로 이해해야할 것이다.

셋째, 교육위원회를 지방정부의 최고의결기구인 지방의회의 상임위원회로 존치하는 방안을 강구하여야 할 것이다. 교육위원회가 의결한 안

건들을 지방의회에서 재심의·의결토록 한 현행의 이원화된 지방자치제도로 말미암아 교육청의 인력, 시간, 예산의 낭비만 초래할 뿐, 이것이 교육위원회의 위상과 실익에는 아무런 영향이 없음을 지적하는 목소리가 높은 게 사실이다. 따라서 입법의도가 불분명한 현행의 교육 자치를 지방자치법과 지방교육에 관한법률 간 상호관계를 보완하는 방식으로의 법 개정을 서둘러야 할 것이다.

교육위원은 현행과 같은 방법으로 지방의회에서 선출은 하되 교육의 전문성을 살려 이를 '교육 분과 상임위원회'로 존치하는 방식으로 제도를 보완하여 주민에 의하여 직접 선출된 지방의원과 간접선거로 선출된 교육위원의 위상을 재정립하고, 교육청에 설치된 의사국을 폐쇄함으로써 교육위원회와 지방의회에서 이중 심의의결과정에서 파생되는 불협화음과 교육행정의 인력낭비, 시간손실, 예산낭비를 극소화하는 방안을 마련해야 할 것이다. 이것이 작은 정부를 지향하는 현 정부의 방침과 일치하는 것이기도 하다.

넷째, 교육 자치를 성공하기 위해서는 우선 지방교육재정확충방안이 선행돼야할 것이다. 지방교육재정의 자립도 향상, 재원확충, 재정운영의 자율성확립문제는 교육자치의 성패를 결정하는 핵심적인 요인이기 때문이다. 민선단체장 선거 이후 지방정부에 의한 교육자치가 실현된다면 교육에 대한 주민들의 욕구는 더욱 더 증대될 것이기 때문이다. 따라서 정부는 현행의 교육세를 지방교육세로 이관시키는 등의 조치를 강구하는 방안마련을 서둘러야할 것이다.

결론

지방교육자치제도는 지방의 교육을 발전시키기 위한 제도로써 그자체가 수단 일뿐 목적이 될 수 없으므로 제도의 성공을 위해서는 발전방안에 대하여 끊임없이 논의하면서 보완방법을 도출하고 이를 교육 자치발전에 반영하는 노력을 경주해야할 것이다. 지방교육자치의 핵심과제인 주민참여의 성공여부에 대하여 현재 나타난 성과와 문제만을 가지고 교육자치의 성공여부를 당장 이 시점에서 평가하기 어려운 문제이므로 보다 더 장기적인 안목을 가지고 주민참여증대를 통한 교육자치 발전방안을 모색해야 할 것이다.

본고에서 지방의회와 교육위원회가 실제 운영되면서 발생되는 극히 실무적인 문제를 중심으로 교육 자치와 지방자치의 바람직한 발전방안을 모색해보고자 하였으나, 실제 교육자치의 현장에는 이보다 훨씬 더 많은 문제점들이 산적해있음을 간과해서는 안 될 일이다. 교육자치의 바람직한 발전방안보다 우선먼저 선행되어야 할 일은 교육에 관한 일들이 교육계만의 몫이어야 한다는 근시안적인 생각을 과감히 탈피하고 교육계 밖에서 지적하는 다양한 목소리를 겸허하게 수용하겠다는 자구적인 노력도 선행돼야할 것이다.

※ 자치행정 제77호(1994년 8월호)에 기고한 내용을 발췌 정리한 것임.
〈대전광역시의회 교육사회전문위원 김진호〉

국민의 삶 헤아리는 道治天下가 그립다

오죽하면 식물국회 꼬리표를 달았을까?

지금 우리나라는 봉을 한번 잡으려고 서울로 몰려드는 사람들로 인산인해다. 양심을 팔아서라도 여의도입성만을 노리는 정치꾼들 때문이다. 그렇다. 자리를 차지하고 앉는 것이 중요할 뿐 무엇을 어떻게 할 것인가는 안중에도 없는 사람들의 행렬로 여의도는 지금 북새통이다. 사람을 가지고 놀면 덕(德)을 잃어 망하고, 권력을 가지고 놀면 욕(慾)이 성해 망한다. 국민을 하찮게 여기는 대한민국정치를 두고 하는 소리다.

오죽하면 '식물국회'라는 꼬리표를 달았을까? 제 꼬락서니도 모르면서 남의 탓만 하는 놈들, 내가하면 로멘스이고 남들이 하면 불륜이라 우기는 놈들, 남의 비밀이나 폭로하고 헐뜯는 일을 의로움으로 착각하는 놈들, 남의 말을 자기네 입맛대로 해석을 해대고, 입에 담지도 못할 막말만 토해내면서도 순수가 통하시 않는다고, 길길이 날뛰는 놈들 때문에 19대국회가 '식물국회'로 전락하지 않았는가 말이다.

우리 정당정치는 시작부터가 잘못됐다.

이렇듯 대한민국 정치가 형편무인지경인 이유는 우리나라가 정당정치를 너무나 서투르게 도입한 때문이다. 그렇다. 우리의 정당정치는 그 역사가 매우 일천한 게 사실이다. 8.15광복 이후부터 따진다고 해도 고작 70년이 우리의 정당정치 현주소다. 정책집합으로 국민과 소통하는 사무처중심의 정당정치가 실현된 5.16으로 출범한 제3공화국부터 따진다면 우리나라 정당정치역사는 불과 50여년밖에 안 된다는 얘기다.

사실 우리나라 정당정치는 그 시작부터가 잘못됐다. 정당이 추구해야 할 이념과 정강정책이 만들어지면, 그 이념과 정강정책에 뜻을 같이하는 국민들이 당원으로 참여하여 당의 이념을 구현할 수권능력을 키워가는 일 그 자체가 정당정치의 본질이다. 그런데 우리는 5.16혁명주체가 민주공화당을 창당하면서 사실상의 정당정치는 실종이 예견되어 있었다. 통치자의 들러리나 서는 정당정치로 시작했으니 하는 말이다.

고정관념을 신념으로 착각한 자들이 나라 망쳐

광복 이후 생겨난 우리나라 정당들 중에서 단 하나도 이념중심으로 창당된 정당이 없다. 그 수를 헤아릴 수도 없는 정당들이 모두 인물중심으로 창당되었다 사라지곤 했다. 4.13 총선을 불과 50여일 앞둔 지금도 정권욕에 눈이 먼 사람들이 정당을 만든다고 야단 북새통이다. 권력을 거머쥔 자들은 안 뺏기겠다며 발버둥을 치고, 권력을 뺏으려는 자들은 수단방법 안 가리고 권력을 거머쥐려 피를 튀기는 혈투를 벌이고 있다.

우리나라 정치가 이렇게 저질스러워진 건 당권을 쥔 사람에게 충성맹세를 일삼는 '전문바보'들 때문이다. '전문바보'란 자신의 전문분야에는 지식이 탁월해도 다양한 상식이 부족한 사람을 말한다. 전문바보는 모든 걸 자기분야와 결부시키려 든다. 정치를 학문과 결부시키려는 교수들과 모든 걸 법으로만 따지는 법률가들이 그렇다. 자신의 고정관념을 마치 신념으로 착각하는 전문바보들이 더 이상 정치를 하면 안 되는 이유다.

정치는 민심을 천심으로 아는 사람 몫 돼야

우리나라 정치가 이렇게 막장드라마를 뺨치는 이유는 바로 정당정치가 잘못된 탓이다. 국가와 민족은 안중에도 없고 정권유지를 위한, 정권탈환을 위한 정당들의 패거리정치가 한국정치 망쳤다는 말이다. 자기네 패거리에 순응할 전문바보들은 철저히 우대하고 비교적 이슈가 많아 껄끄러운 지역인재들의 등용은 철저하게 막아서는 우리의 잘못된 정당정치 때문에 오늘 우리 대한민국 정치판이 개판으로 전락한 것이다.

정치는 자고로 민심을 천심으로 여기는 사람들이 해야 한다. 경제민주화 같은 고차원적인 말은 할 줄 몰라도, 허기진 이웃의 심경을 헤아릴 줄 아는 사람, 지게 목발을 두드리고 살망정 진솔하게는 사는 사람, 황금을 보기를 돌 같이하는 사람, 의로운 일에 초개 같이 목숨을 내던질 용기가 있는 사람들이 정치를 해야 한다는 말이다. 때만 되면 망둥이처럼 날뛰는 시답잖은 교수들이나 알량한 법률가들은 모두 다 내쫓고 말이다.

국회는 무릇 '국민 희망충전소'가 돼야 한다

국회는 무릇 '국민들의 희망충전소'가 되어야 한다는 게 필자의 생각이다. 백성들이 더 좋은 일자리에서 행복을 맘껏 일구게 하고 국민 모두를 골고루 잘살게 하는 일, 그 일이 바로 국회가 맡은 소임이다. 국민들이 즐겁게 일하면서 편하게 살 수 있는 환경조성을 해주는 일! 그 일이 국회가 해야 할 첫 번째 덕목이라는 말이다. 언감생신, 우리나라 정치판에서는 눈을 까뒤집고 봐도 찾아볼 수가 없는 소설 같은 이야기다.

국민으로부터 신뢰를 받지 못하는 국회는 이미 국회가 아니다. 국민 희망충전소를 움직일 힘이 전혀 작동되지 않기 때문이다. 비정상의 정상화라는 기치를 내걸고 4대 사회악을 척결하겠다는 박근혜 정부를 허수아비로 만든 19대국회가 바로 그 원흉이라는 말이다. 신뢰가 없이는 아무것도 세울 수가 없다는 무신불립(無信不立)이라는 말이 바로 오늘 우리의 정치적 현실을 적나라하게 적시하고 있지를 않는가 말이다.

100년 지기 같은 정당은 요원한 것일까?

4.13총선을 앞둔 오늘의 한국정치가 참으로 가관이다. 친박 비박 헤게모니 싸움으로 도끼자루 썩는 줄 모르는 새누리당도, 친노프레임에 사로잡혀 붕당을 자초한 더불어민주당도, 국민을 주인으로 섬기겠다는 안철수의 국민의 당도, 모두 이념과 정강정책들이 오십 보 백 보다. 국민과 국가를 위해서 무엇을 어떻게 하겠다는 그럴 듯한 아젠다는 찾아볼 수가 없고, 하나같이 경제민주화만 되뇌이고 있을 뿐이다.

정당정치의 본질은 정강정책을 실현할 통치기반을 마련해 나가는 일이다. 신뢰받는 정당 활동으로 수권 능력을 키우는 일, 그것이 곧 민주주의의 실현이란 말이다. 비정상의 정상화도 중요하고 경제민주화도 중요하다. 하지만 우리에게는 당면한 정치개혁이 더 시급한 문제다. 우리정치는 왜 목비틀린 풍뎅이마냥 제자리만 맴도는 것인지 우리는 왜 상생의 정치를 할 수가 없는 것인지 이제 좀 따져봐야 할 듯싶다.

천문학적인 정치자금이 뿌려지는 미국의 정당정치를 내놓고 부러워할 일은 아니다. 하지만 정당정치에 관한 한 그들이 부럽다. 미국의 공화당은 보수를, 그리고 민주당은 개혁을 표방한다. 200년이 넘는 정당사에도 그들은 단 한 번도 당명을 바꾼 적이 없다. 어떠한 난제라도 타협할 줄 아는 그들의 정당정치가 부럽다. 민주당과 공화당으로 정권을 적절히 안

배하는 미국유권자들의 성숙된 시민의식이 부러운 이유다.

이젠, 철든 정치를 할 때도 되었건만

우리나라 정치판은 마치 초등학생들 싸움판 같다. 떼를 쓰고 억지를 부리는 게 아이들 싸움이다. 차근차근 따져보면 싸울 일도 아닌데 우리의 정치는 그렇지가 못하다. 국가와 민족을 위한다면서도 정작 정치마당에만 서면 너나 할 것 없이 싸움꾼으로 돌변해버린다. 감정이 앞서면 이성적 판단이 어려운 법이다. 그래서 합리적인 사람들은 서로 다른 견해를 확인하고 서로의 이성에 호소하며 논리로 타협하며 살아간다.

이렇듯 생각이 서로 다른 사람이 공존하는 방법을 제도화한 것이 오늘의 민주주의다. 오는 4.13일에 대한민국 제20대 국회의원총선거가 실시된다.

이름 하여 스무 살, 우리나라 국회가 성년이 되었다는 의미다. 이제 우리나라정치도 철들 때가 됐다는 얘기다. 정치권이 스스로가 정당정치를 망치고 있다면, 이를 바로잡을 의무는 반듯이 유권자의 몫이라는 말이다. 20대 총선이 바로 대한민국정치를 바꿀 절호의 찬스다.

4.13총선은, 한국정치개혁 할 절호의 찬스

그렇다. 4.13총선이 불과 50여일 앞으로 다가왔는데도 법정선거구 조차도 제대로 획정하지 못하는 19대국회, 유엔안보리결정을 깡그리 무시한 채 핵실험을 감행하고 장거리 미사일까지 발사하여 한반도를 전쟁 일촉즉발로 몰아가는 북한에 대응할 '테러방지법' 하나를 제때 마련하지 못하는 식물국회, 그래서 급기야 '개성공단 철수'라는 파국으로 치닫게 한 19대국회를 우리는 더 이상 대한민국국회로 용인할 수가 없다.

새 정치를 갈망하는 국민의 여망이 담긴 20대 국회의원총선거 카운트다운이 시작됐다. 이번 4.13총선거에서조차 국민의 삶을 제대로 헤아리지 못하는 후진정치를 청산하지 못한다면, 어쩌면 우리는 자멸하게 될지도 모를 일이다. 지금 우리 한반도가 직면하고 있는 정치적 현실이 그렇다. 차라리 없는 것만도 못한 국회개혁을 하루빨리 서둘러야하는 이유이다. 지금이 유권자 스스로가 국회개혁을 서둘러야 할 절호의 찬스라는 말이다.

4.13일을 한국정치 혁명일로 승화시켜야.

우리속담에 '늦었다고 생각될 때가 가장 빠른 때다.' 는 말이 있다. 그렇다. 헌정사상 최악이라는 19대 국회가 바로 대한민국정치를 바꿀 터닝 포인트라는 말과 일맥상통한다는 말이다. 바꿉시다. 금배지를 마치 암행어사마패처럼 휘두르는 기득권 국회의원들을 이번 4.13 총선에서 모두 다 바꿉시다. 국가와 민족은 안중에도 없고 지지층 이익만을 챙기는 파렴치한 정당들도 이번 선거에서 반드시 유권자의 손으로 심판합시다.

한국정치를 마치 플레이오프로 착각하는 정당들 버르장머리도 이번선거에서 반듯이 뜯어 고칩시다. 말이 좋아 험지출마지, 한국정치가 무슨 야구경기입니까? 지명타자를 아무 지역이나 갖다 꽂게요. 대의민주주의 기본인 지역대표의 국회진입을 철저히 봉쇄하는 험지 출마론을 들고 나온 정당들도, 험지에 출마를 한 후보자들에게도 유권자의 지엄함을 반드시 알게 이번 선거에서 본때를 보여줍시다. 단 한 사람도 당선시키지 말고 말입니다.

허덕이는 국민의 삶 헤아리는 道治가 그립다.

옛 성왕의 정치는 도리로 세상을 다스렸으나, 후세가 되면 법률로만 천하를 쥐고 억누르려고 한다(先王之世, 以道治天下, 後世只是以法把持天下)는 이 말은 法治만 가지고는 道治를 뛰어넘을 수가 없다는 近思錄에 나오는 정명도의 말입니다. 그렇습니다. 오죽하면 국회가 법을 만들면서 지켜야할 법을 따로 만들었겠습니까만 도치가 아닌 법치로는 모든 걸 해결할 수가 없다는 진리만 확인한 채 폐기만 기다리고 있지 않습니까.

4,500여 개에 달하는 법률이 존재하는데, 아직도 국민들의 행복지수는 마이너스상태에 머물고 있다면 대한민국은 도대체 앞으로 몇 천 개의 법을 더 만들어야 국민들이 행복해질 수가 있다는 말입니까? 인간이 지켜야 할 도리를 헌신짝 버리듯 해버린 정치권과 국회가 만든 아이러니 아닙니까? 4.13 총선을 앞두고 정치를 새롭게 바꿀 당찬 꿈을 꿔야 할 저잣거리 백성들이 자꾸만 옛 성왕의 도치천하(道治天下)만을 애타게 그리워하는 까닭입니다.

〈디트뉴스24〉

우리의 정당정치! 눈뜨고 더 못 보겠다

오세훈 서울시장 사퇴에서 촉발된 한국정치는 지금 열병을 앓고 있다. 시장후보를 낸 집권당이 차기대권후보까지 나서서 야단법석을 떠는 것도 볼썽사나운데, 시장후보조차 내지 못한 야당까지 나서서 무소속후보를 지지한다고 난리법석이다. 꼬락서니가 정말 가관이다. 어쩌다가 한국정치가 이 지경이 되었는지 창피할 따름이다.

민주주의는 정당정치가 기본이다. 정당정치가 잘 되는 나라가 민주국가라는 말이다. 그런데 우리의 정당정치는 치졸하기가 그지없다. 국가의 백년대계는 고사하고 연일 독설들만 쏟아 놓고 있다. 이것이 오늘 대한민국 정당정치의 현주소다. 싸우는 것이 정당정치고, 우기는 것이 민주주의라면 할 말이 없다. 잠자던 소가 웃을 일이다.

민주주의는 바른 정치 토양에서만 자란다. 민주주의가 연꽃처럼 진흙탕에서 피어날 거라 생각하면 큰 오산이다. 우리의 민주주의는, 광복 이후 지금까지 65년이 전부다. 이렇듯 짧은 역사에도 이승만 대통령의 자유당과, 민주 공화당, 민주정의당 등은 늘 통치권자의 들러리만 섰다. 그러다 보니 정당정치가 제대로 될 리가 없었다.

그렇다면 독재 정권을 청산한 그 이후부터는 우리의 정당정치가 좀 제대로 됐어야 했다. 그런데 실상은 전혀 그렇지가 못하다. 김영삼 정부가 구태 정치를 청산한다며 상향식으로 정당체질을 바꾼 것 말고는 크게 달라진 것이 없다. 굳이 달라진 걸 꼽으라면 '고 비용 저 효율' 정치의 구조를 타파한다고 지구당을 없앤 것 말고는 말이다.

정당정치는 정강 정책을 실현할 통치 기반을 마련하는 일이다. 정당 활동을 통해 수권 능력을 키워가는 일, 그 일 자체가 곧 민주주의의 실현인 것이다. 그런데 우리의 정치는 아직도 패거리정치만 일삼고 있다. 우리는 이쯤에서, 한국의 정당정치가 왜 이리 엇나가고 있는 것인지? 무엇 때문에 우리는 상생의 정치를 할 수가 없는지? 그 연유를 좀 따져 봐야 한다.

천문학적인 정치자금이 뿌려지는 미국의 정당정치를 내 놓고 부러워할 일은 아니다. 하지만, 정당정치에 관한 한 그들이 부럽다. 미국의 공화당은 보수를 그 리고, 민주당은 개혁을 표방한다. 300년에 가까운 정당사에도 그 들은 단 한 번도 당명을 바꾼 적이 없다. 창당 10년을 넘긴 정당 하나가 제대로 없는 우리가 미국의 정당정치를 부러워하는 이유다.

당원들이 낸 당비로 살림을 꾸리면서, 사회적 여론과 이슈를 정당이라는 용광로에서 융합해 내는 그들의 교과서적인 민주주의가 마냥 부럽고 존경스러울 뿐이다. 그렇다. 정당은 국민과 정부를 연결하는 동토다. 정당은 사회집단의 이념을 정치활동으로 전환할 능력을 보유해야 한다. 그리고 정당은 국민의 정책을 집합할 상시체제를 유지해야 한다.

이 두 가지가 정당정치의 생명이고, 참 민주주의를 가꾸는 정당정치의 기본이다. 우리처럼 정당을 선거를 치루는 수단으로만 여긴다면 그것은 민주주의를 이미 포기한 거다. 민주주의를 성공시킨 그들은 정치 그 자체보다 정당이념을 더욱 소중히 여긴다. 그래서 그들은 정당정치로 사회갈등을 봉합하고 우리는 정당정치로 사회 갈등을 유발한다.

이것이 정치선진국과 후진국의 차이다. 생각이 서로 다른 사람이 공존하는 방법을 제도화한 것이 민주주의란 말이다. 근대국가가 해야 할 일은 대체로 정해져 있다. 국제사회에서 나라를 안전하게 지키는 일! 자국의 민주 체제를 수호하는 일! 고른 교육 기회제공과 일자리를 만들어주는 일! 보건, 환경, 교통, 등 사회질서를 바로 잡는 일 또한 국가가 해결해야 할 중대한 책무다.

그 리고, 국민 모두가 고른 복지 혜택을 누리며 자기 보람 속에서 살도록 해주는 일 등이 그 것이다. 그러나 정부도 신이 아닌 이상, 삼천리금수강산을 하루아침에 지상낙원으로 만들 수 없는 노릇이다. 최선을 다하면 우선 책임을 다하는 것이다. 만일 정부가, 이런 일을 할 의지도 없고, 일을 해내지도 못한다면 그것이 문제인 것이다.

지금 이명박 정부는 무엇을 하고 있는가? IMF극복을 위해 몸부림 쳤던 김영삼·김대중·노무현 정부보다 딱히 무엇이 낳아졌다고 국민들 앞에 내 세울 수 있다는 말인가? 당신들이 그리 깔보며 얕잡는 저자거리 정치가 당신네보다 한 수 위라는 걸 왜 그리 모르는가? 내 생각만 옳다는 단세포 정치로는 더 이상 정치피곤증후군에 걸린 국민들을 달랠 길이 없다.

지금 이 땅에선 민주주의가 병들어가고 있다. 민주주의는 타협의 미학이기 때문에 민주주의는 하루아침에 혁명적으로 이룰 수가 없다. 정치권은 이제 타협의 미학인 정당정치를 제대로 좀 배워야 한다. 그리고 이젠 철든 정치를 할 때도 됐지 않은가? 우리가 민주주의 흉내를 낸 지도 어느덧 65년 세월이 흘렀으니 말이다.

〈금강의 창 2011.10.18.〉

치졸하고 원칙 없는 정치부터 개혁해야

다수결 원칙 안 지키면, 민주주의 포기한 것

제20대 국회의원선거를 불과 3개월여 앞두고 대한민국 국회의원선거구 246개가 모두 사라지는 헌정사상 초유의 사태가 발생했다. 현행 '3대 1'의 인구편차가 위헌이라며 2015년 12월 31일까지 '2대 1'이하가 되도록 공직선거법을 개정하라. 는 헌법재판소의 결정을 깡그리 외면한 입법부의 횡포가 빚은 참으로 어처구니가 없는 사건이다.

툭하면 의정단상을 점거하는 볼썽사나운 '동물국회'를 개혁하겠다며 여야합의가 없는 법안은 직권 상정하지 않겠다는 취지로 만든 국회선진화법이 오히려 19대국회를 '식물국회'로 전락시켰다는 지적이다. 민주주의의 기본원칙은 다수결이다. 바꾸어 말하면 다수결 원리가 배제된 현행 대한민국정치는 이미 민주주의가 아니라는 말이다.

만장일치는 공산주의에서나 통용되는 의사결정방법이다. 어쩌다가 대한민국국회가 이런 망나니국회가 되었는지 알다가도 모를 일이다. 국민들은 지금 국회의원을 잘못 뽑은 손가락을 잘라버려야 한다고 울분을 토하고 있다. 자살률 세계 1위라는 국가적 현실은 외면한 채, 총선 승리에만 눈이 멀어버린 치졸한 패거리정치가 이젠 지겹고 역겹다.

선거구도 없는 선거운동, 희대의 코미디다

19대 국회의 직무유기로 국회의원선거구가 모두 없어져버렸다. 그리

니까 대한민국은 지금 제20대 국회의원을 뽑을 법적 근거조차 없는 나라
가 된 셈이다. 사태를 이 지경으로 만든 국회는 해산감이다. 일본 같으면
말이다. 그럼에도 불구하고 지금 여당과 야당은 사실상의 선거전에 올인
하고 있다. 이쯤 되면 대한민국 정치는 완전 코미디다.

유명 인사들의 험지출마론은 또 무슨 귀신이 씨 나라 까먹는 소리리란
말인가? 대의민주주의 기본 원칙은 지역대표성이다. 소위, 차기 대권후
보라는 사람들이 어쩌자고 이렇게 지역대표성을 부정하는 해괴한 짓거
리를 하고 있는 것인지 알다가도 모를 일이다. 그들이 정말 대한민국을
이끌 정치적 식견이 있는 사람들인지 심히 의심스러울 따름이다.

십분 이해를 한다 해도 오늘 우리 대한민국의 정치는 본말이 전도됐다.
국회 선진화법으로 다수결원리를 포기한 대한민국 식물국회가 그렇고,
지역주민과는 전혀 연고가 없는 사람을 공천함으로써 사실상 지역대표
성이 완전히 배제된 대한민국의 정치가 그렇다. 이제 대한민국 정치는 더
이상 국민에 의한, 국민을 위한, 대의민주주의가 아니다.

어쩌자고, 정치가 노름판을 닮아가는 것인가?

'경제 2류, 관료 3류, 정치는 4류'라고 했던 삼성그룹 이건희 회장의 말
이 뇌리를 스친다. 와병중인 이건희회장에게 또 다시 묻는다면, 그는 아
마도 오늘의 대한민국 정치는 정치가 아니라 노름판이라고 답을 했을 것
이다. 그렇다. 벽촌 촌로의 눈에도 오늘의 한국정치는 분명 치졸하기 그
지없는 정상모리배들의 노름판으로 보이니까 말이다.

그랬다. 지금 대한민국엔 어마어마한 도박판이 벌어지고 있다. 매년

판돈이 400조원에 이르고 2년 뒤에는 정권을 거머쥘 찬스까지 얻는 노름이다. 만약 이 도박에서 지는 날이면 쪽박을 찬다. 그래서 그들은 이 게임에 목숨을 건다. 이 노름에서 이긴 자는 4년 내내 다음 판에서 이길 궁리만 하면 된다. 이 삼류 소설 같은 이야기가 바로 대한민국 정치다.

인구가 적든 많든 지역 일꾼을 뽑고자 했던 제헌국회 초심으로 돌아가야 한다. 대법원의 권고대로 표의 등가성만 따지면 우리나라 인구의 절반을 가진 수도권공화국의 횡포를 막을 길이 없다. 그리 많은 언론사들도, 정치평론가들도, 나라를 망치게 할, 고장 난 정치시스템을 탓하는 사람들도 없다. 어쩌다가 이리 되었는지 참 기가 막힐 노릇이다.

원칙 없는 정치가 나라를 망친다.는 간디의 경고

사회의 양극화 때문에 정치가 양극화되는 것이 아니라 극단적인 정치 때문에 사회가 분열된다는 경제학자 '폴 크루그먼'의 예언 속 주인공을 자처하는 나라! 그 나라가 바로 오늘 우리 대한민국이라는 지적이 빗발치고 있다. 정작 사회갈등을 봉합해야 할 정치가 오히려 사회갈등을 조장하는 도구로 전락해버린 아이러니 때문이다.

원칙 없는 정치, 노동 없는 부, 양심 없는 쾌락, 인격 없는 교육, 도덕 없는 상업, 인간성 없는 과학, 희생 없는 종교, 인도의 성자 마하트마 간디가 설파했던 나라가 망하는 일곱 가지 징조다. 마치 오늘 우리 한국사회를 표본으로 작성한 연구보고서와도 같다. 그랬다. 그는 90년 전에 이미 그렇게 한 나라의 흥망성쇠를 가늠할 바로미터를 제시했다.

그는 나라를 망치는 첫 번째 이유를 '원칙 없는 정치'로 꼽았다. 국민행복 창조자로 나서야 할 국회가 오히려 국민행복 방해꾼으로 전락한 우리의 정치를 두고 한 말이다. 그랬다. 그들은 서로 정권을 쥐겠다고 헤게모니 싸움만 하고 있다. 국가와 민족은 안중에도 없이 말이다. 여도 야도 똑같다. 이러다간 정말 나라가 망할 것만 같아 오금이 다 저리다.

4대 개혁보다 훨씬 더 시급한 일이 정치개혁이다.

그렇다. 비정상의 정상화란 기치를 내걸고 박근혜정부가 야심차게 추진하고 있는 4대 구조개혁이 1년 넘도록 여전히 답보상태다. 국회선진화법을 볼모로 잡고 자당의 정치적 영토 확장에만 눈이 먼 야당 때문이다. 지금 국가경제가 심각하다. 지난 10년 동안 자영업자의 80%가 도산했다는 경제지표가 곧 국민들이 피부로 체감하는 고통지수다.

국론분열과 사회양극화를 부채질하는 국회를 더 이상 존치시켜야할 이유가 없다. 국회의 진정한 가치가 '국민행복길라잡이'이기 때문이다. 지역주민 중에서 국회의원을 뽑고, 국회의원 면책특권을 없애고, 국회의원 소환 제도도 신설해서, 국회가 오로지 국가와 민족을 위해서만 헌신 봉사할 수 있는 새로운 정치 시스템부터 마련해야 한다.

필자는 엊그제 있었던 박근혜대통령 기자회견에서 '쿠엔 반 티오' 월남대통령의 애절함을 느꼈다. 시시각각 망하는 나라를 지켜보면서 '내게 3개월만 국민들을 공산주의에 넣었다 뺄 수 있는 기술이 있다면 그렇게 한번 해보고 싶다.'는 그의 애절한 절규를 말이다. 나라걱정에 잠을 이룰 수가 없다는 박근혜대통령 심사도 아마 그와 같았을 것이다.

〈디트뉴스24〉

미국, 그 민주주의가 부럽다

민주주의는 정당정치가 기본이다. 바꾸어 말하면 정당정치가 제대로 되는 나라가 민주주의 국가라는 말이다. 그런데, 요즘 우리 앞에 펼쳐지는 정치 상황은 치졸하기가 그지없다. 국가의 백년지대계는 고사하고, 자기 당의 정책 하나도 상대 당과 국민들 앞에 설득해 내지 못한다.

그러면서도 연일, 별 무소득인 독설들만 쏟아 내고 있다. 이게 우리 정당정치의 현주소다. 이것이 정당정치고, 이것이 민주주의라 우기면 할 말은 없다. 그러나 소가 웃을 일이다. 민주주의는 바른 정당정치의 토양에만 꽃을 피운다. 연꽃처럼 진흙탕에서도 민주주의가 피어날 것이라 착각하면 큰 오산이다.

혹자들은, 우리의 정당정치가 파행을 겪는 이유를 민주주의 역사가 일천함에서 찾는다. 그렇다. 우리나라가 사실상의 민주주의 틀을 갖추기 시작한 것은 광복 이후부터다. 이때부터 정당정치를 시작한 걸로 따지면 우리의 정당정치 역사는 고작 58년이 전부인 셈이다.

이렇듯 채 60년도 안 되는 정당정치의 역사에서 영원한 국부이기를 자처했던 이승만 대통령이 창당한 자유당과 5.16 혁명 기반으로 탄생한 민주 공화당, 민주정의당에 이르기까지의 정당들은 늘 집권당 체제 유지를 위해 들러리만 섰다. 그래서 정당정치가 제대로 발전할 수가 없었다.

그렇다면, 3당 통합으로 독재 정권을 청산한 문민정부부터는 정당정치가 좀 제대로 됐어야 한다. 그런데 그렇지도 못하다. 정치가 되려 국민들의 짐이 되는 것 같아 안타깝기 그지없다. 구태 정치를 청산한다며 상향식 정당으로 체질은 바꿨는데 정치형태는 별로 달라진 게 없다.

굳이 달라진 것이라면, 고 비용 저 효율 정치의 구조를 타파한다고 지구당을 폐지한 것 말고는 말이다. 교과서적이라 할 테지만, 정당정치의 본질은 정강 정책을 실현할 통치 기반을 마련하는 일이다. 쉼 없는 정당 활동을 통해서 수권 능력을 키우는 일, 그 자체가 바로 민주주의의 실현인 것이다.

과거 청산도, 국가의 정체성 확보도 중요하다. 당면한 개혁은 무엇보다 더 중요하다. 하지만 올바른 민주주의를 위해서 우리는 이쯤에서 한국의 정당정치가 왜 이리 엇나가고 있는지? 왜 생산적인 상생의 정치를 할 수가 없는 것인지? 그 연유를 좀 따져 봐야 할 때가 된 것 같다.

천문학적 정치자금이 뿌려지는 미국의 정당정치를 내놓고 부러워할 일은 아니다. 하지만, 정당정치에 관한 한 미국이 부럽다. 미국 공화당은 보수를 민주당은 개혁을 표방한다. 200년에 가깝도록 이름 한번 바꾸지 않고, 그들은 정책 대결로만 정권을 주고받는다.

어찌 그리 교과서적인 민주주의를 실현하는지, 정당정치에 관한 한 솔직히 그들이 부럽다. 창당 10년을 넘긴 정당 하나 제대로 없는 우리로서는 당원들의 당비로 당의 살림을 꾸리고, 여론과 사회적 이슈를 정당이라는 용광로를 통해 융합해 내는 그들의 민주주의가 마냥 부럽기만 하다.

정당은 '국민과 정부를 연결하는 매우 중요한 통로다.' 그렇다. 정당은 사회집단의 이념을 정치활동으로 전환해낼 능력을 보유해야 한다. 그리고 국민 대중의 정책 집합을 촉진하기 위한 상시 체제도 유지돼야 한다. 이 두 가지가 정당의 생명력이고 참 민주주의를 가꿔 내는 정당정치의 기본이다.

정당을 선거도구로만 여기면 그것은 이미, 민주주의가 아니다. 그들은 정치 활동 그 자체 보다 정당의 이념을 더 소중히 여긴다. 그리고 민주주의와 정당정치의 가치를 바로 안다. 그래서 그들은 정당정치로 사회갈등을 봉합하고, 그렇지 못한 우리는 정당정치로 사회 갈등을 유발한다. 이것이 정치선진국과 후진국의 차이다.

블란트 '총리'는 생각부터 달랐다

성공한 지도자는 생각부터 남달라

　대한민국의 총체적 부실을 세계만방에 과시한 세월호 사건과 그 수습 과정을 지켜보면서 모골이 다 송연했다. 어쩌다 대한민국이 이 지경이 됐을까! 과연 우리 정부는 무엇을 위해 존재하는 것인가! 그 많은 위정자들은 다 무엇을 하고 있는가! 하는 상실감에 빠진 국민들을 달래는 박근혜 정부의 노력이 애처롭게 느껴진다.

　6.4 지방선거 기간에 대통령대국민담화도, 대대적인 청와대 조직개편과 총리 지명자를 두 명이나 바꾸는 개각을 단행했어도 순탄한 국정운영의 징후는 어디에서도 찾아 볼 수가 없다. 또 다시 국민감정에 반하는 총리를 지명해서 차라리 불타는 민심에 휘발유를 부었다.
그립다. 빌 블란트 총리 같은 위대한 정치가가 몹시 그립다.

세기적 사건으로 기록된 블란트 총리의 행동

　1970년 12월 7일 폴란드 바르샤바를 방문한 빌리 블란트 총리는 2차 대전 중 나치 독일군에 학살당한 50만 유대인 위령비 앞에 무릎을 꿇었다. 그러자 폴란드 정부는 이에 화답이라도 하듯 유령 탑 광장을 '빌리블란트 플라츠로' 명명했다. 실로 반세기 만에 나치가 유대인들에게 진심으로 사죄한 세기적 사건으로 회자되고 있다.
　그 후, 독일은 해방 50주년을 맞은 1995년 1월 27일을 '과거의 잘못을 기억하는 날'로 정하고, 2차 대전 당시 군수물자를 생산한 기업들에게서 피해 당사자들에게 보상할 재원을 마련할 법안을 마련하고 그들이 저지른 천인공노할 죄 값을 치루고 있는 중이다. 세계는 이렇듯 하루가 다르게 변하고 있는데, 우리의 대한민국의 현실은 어떻습니까?

36년의 일제강점기, 6.25라는 민족상잔의 비극, 5.16군사혁명과 10월 유신, 신군부가 국가권력을 찬탈한 12.12사태 등, 근 반세기에 걸친 현대사의 질곡을 달려오면서 국민 저마다의 가슴에 할퀴고 찢진 상채기로 남아 있는 한국사회는 지금 중병을 앓고 있습니다. 이념과 세대 간의 갈등이 춘추전국시대를 방불케 하고 있지를 않습니까?

금지옥엽 같은 아들딸들을, 사랑하는 지아비를, 조국근대화의 희생양으로 바친 그들의 쓰리고 아린 생채기를 누가 감히 유대인의 생채기에 비유할 수가 있겠습니까? 민초들의 한 맺힌 가슴은 반정부투쟁으로 풀어야 했고, 독재 권력은 차라리 그들을 탄압하는 일을 정치라고 우기던 독재광란의 시절 아니었습니까?

5.16은 혁명이었고 10월 유신은 꼼수였다

고까짓 생채기가 뭐 그리 대단한 것이냐고 반문할지도 모르시겠지만, 누가 뭐래도 5.16은 혁명이고, 10월 유신은 꼼수였습니다. 박근혜 대통령의 역사관은 여기에서부터 출발해야 합니다. 한강의 기적이라는 박정희 정권에 대한 평가도, 헌정질서를 유린했던 10월 유신도 액면 그대로 인정해야 매듭을 풀 수가 있습니다.

51.6%라는 대통령선거 사상 최고의 득표율로 당선된 박근혜 대통령이 지금처럼 과거사 프레임에 묶여있는 한 결국 실패한 대통령이 될 수밖에 없습니다. 전범국 역사를 스스로 인정하고 지금도 그 죄 값을 치루는 통

일 독일의 빌리 블란트 총리를 뛰어넘는 통 큰 정치로 정면 승부를 해야 성공한 대통령이 될 수 있습니다.

박근혜 대통령은 먼저 5천만 국민 모두가 용서와 화합으로 융합할 혁명적인 국민대통합 방안을 마련해야합니다. 그리고 그 구체적인 실천 방안도 함께 제시해야합니다. 보편적 정의와 진실을 농락하는 종북 좌파들의 실체가 백일하에 드러난 18대 대통령선거가 바로 민족번영의 새로운 터닝포인트이기 때문입니다.

비정상의 정상화 위해선 위원회 폐지를

그렇습니다. 박근혜 대통령이 천명하신 '비정상의 정상화'를 위해서 우선 먼저 500여개에 달하는 위원회부터 폐지해야합니다. 그래서 작은 청와대 큰 정부를 실현해야합니다. 지금처럼 장관들이 청와대나 청와대직속위원회 하부조직으로 전락해있는 한 국무위원 중심의 책임행정 구현이 요원하기 때문입니다.

두 번째는, 완벽한 지방분권의 실현입니다. 사실 오늘 우리 대한민국의 지방자치가 후진성을 면치 못하는 이유가 바로 5.16혁명에서 비롯되었음을 직시해야합니다. 강한 정부를 빌미로 시·도지사 산하에 있던 치안과 교육 사무를 중앙정부로 귀속시킨 박정희 독재시작과 함께 풀뿌리 민주주의가 실종되었기 때문입니다.

치안과 교육 사무를 5.16이전처럼 완벽하게 지방정부로 이관시켜 지방정부로 하여금 미국의 주 정부처럼 완벽한 행정시스템을 갖추게 한다면, 학교폭력 문제를 비롯한 각종 사회악 척결도 진일보할 것입니다. '행정이 세분화 된 만큼 공동화현상이 발생한다.'는 행정학 원리에 입각한 완벽한 지방자치 실현을 촉구합니다.

통큰 국민대화합 방안 모색해야

세 번째는 2차 대전 피해국가와 유대인 희생자와 그 유족들에게 실질적인 보상 대책을 마련한 블란트 독일 총리처럼 박정희 독재 피해자들에 대한 보상대책을 강구하는 통 큰 국민대통합방안을 모색해야합니다. 5.16을 쿠데타로, 박정희 대통령을 독재자라 부르는 그들은 어쩌면 박정희정권이 만들어낸 사회적 반항아이기 때문입니다.

네 번째 바른 경제민주화의 실현입니다. 오늘의 한국경제가 재벌지배 구조화된 이유 또한 5.16혁명과 무관하지 않습니다. 가족 모두를 큰아들의 부속물로만 여긴 아버지와 그 가족들의 갈등을 그렸던 SBS '형제의 강'이라는 드라마처럼 오늘의 재벌족벌체제는 경제발전만 우선했던 박정희정권의 산물이지 않습니까.

경제민주화를 바꾸어 말하면 기업의 윤리회복입니다. 큰 아들만 싸고 돌았던 아버지의 잘못된 생각이 오늘의 재벌독빈경영체제를 부추겼다는 사실인식에서 경제민주화는 출발해야합니다. 따라서 정부는 노블리스 오블리제를 실현하는 재벌기업에 더 많은 인센티브를 주는 경제민주화 촉진방안을 마련해야합니다.

세대 간 계층 간 통합도 못 이루면서, 감히 어떻게 통일조국을 꿈꾼다는 말씀입니까? 성공한 지도자는 생각부터가 남다릅니다. 빌리 블란트 독일 총리가 그렇습니다.

〈디트뉴스24〉

세월호 참사, 대통령담화 너무 조급했다

'박근혜대통령이 세월호사고 현장을 맨 처음 방문했을 때 상황인식만 제대로 했더라면 사고처리가 일사천리로 진행이 됐을 텐데'라는 국민적 분노가 하늘에 닿고 있다. 침몰 34일이 지나도록 단 한명의 실종자도 구하지 못한 박근혜정부가 지방선거 투표일 이틀을 앞두고 불쑥 대국민담화를 발표했기 때문이다.

필자는 박근혜정부가 세월호 침몰사건을 수습하는 과정을 지켜보면서 큰 비애를 느꼈다. 세월호 침몰 한 달이 넘도록 어떠한 사고수습 방안도 내놓지 못한 채 발만 동동 구르는 이 정부를 국민이 과연 믿어도 되는 것일까? 이 몰골이 진정 국민의 생명과 재산을 지키겠다는 국가의 모습일까 하는 한심한 생각 때문이다.

팽목항은 세월호 희생자 가족들의 원망과 탄성으로 피바다를 이루는데, 대통령이 무엇이 그리 급해서 대국민담화를 하겠다는 것인지 정말 알다가도 모를 일이다. 대통령이 사고현장을 직접 진두지휘를 해도 부족한 판에 지방선거를 이틀 앞두고 고작 립 서비스나 하려는 대통령의 저의가 매우 불쾌하고 유감스럽다.

세월호 사고를 완벽하게 수습하고 난 연후에 오늘 우리사회에 만연된 안전 불감증과 부정부패가 얼마만큼이나 심각한지를 하나하나 냉정하게 되짚으면서 고질적인 한국병 해소대책을 마련해야 할 대통령이 왜 그리 조급하게 대국민담화를 서두는 것인지를 되물으면서 민초들이 본 한국

병에 대한 소견과 처방소신을 밝힌다.

박근혜 대통령, 빌리 블란트 총리를 벤치마킹해야

1970.12.7. 폴란드 바르샤바를 방문한 빌리 블란트 총리가 2차 대전 중 나치독일군에 학살당한 50만 유대인 위령비 앞에서 참회의 눈물을 흘리며 무릎을 꿇었다. 그러자 폴란드 정부는 이에 화답이라도 하듯 게토추모비 광장을 '빌리 블란트 폴라츠'로 명명했다. 실로 반세기 만에 나치가 유대인들에게 사죄를 한 세기적 사건이다.

그 후 독일은 해방 50주년인 1995.1.27. '과거의 잘못을 기억하는 날'로 정하고 2차 대전 당시 군사물자를 생산했던 기업들에게서 피해당사자들에게 보상할 재원을 마련할 법안을 마련하고 그들이 저지른 천인공로할 죄 값을 치루고 있는 중이다. 세계는 이렇듯 하루가 다르게 변하고 있는데, 지금 우리나라의 현실은 어떠한가?

36년 일제 강점기와 6.25라는 민족상잔의 비극, 지방자치를 무력화시킨 5.16군사혁명, 10월 유신, 신군부가 권력을 찬탈한 12.12사내 등, 근 반세기 동안에 걸친 현대사의 질곡에서 국민 저마다의 가슴에 할퀴고 찢긴 생채기로 한국사회는 지금 중병을 앓고 있다. 이념과 세대 간의 갈등 또한 춘추전국시대이지 않은가?

헌정질서 유린한 10월 유신 인정해야 매듭 풀려

도대체, 오늘의 한국사회를 누가 이 지경으로 만들었나? 민주화라는 이름 하나를 내걸고 평생을 독재 권력과 맞서 싸운 그들은 누구이고, 이념이 다르다는 이유로 조국근대화 마당에는 얼씬도 하지 못하게 막아선

자들은 또한 누구란 말인가? 조국 근대화란 미명하에 얼마나 많은 민초들이 죽어갔는지 아느냐 그 말이다.

금지옥엽 같은 아들딸들을, 사랑하는 지아비를, 조국근대화의 희생양으로 바쳐야했던 그들의 쓰리고 아픈 상처를 감히 누가 유대인의 생채기만 못하다 말할 수가 있다는 말인가? 민초들은 한 맺힌 가슴을 반정부투쟁으로 승화시켜야했고 독재 권력은 그들을 탄압하는 일을 정치라 우겨대던 광란의 시절이 아니었는가?

고까짓 생채기가 뭐 그리 대단한 일이냐고 반문할지 모르지만 누가 뭐래도 5.16은 혁명이고 10월 유신은 꼼수였습니다. 박근혜대통령의 역사관도 여기에서 출발해야 합니다. 한강의 기적을 일군 박정희대통령에 대한 평가도, 헌정질서를 유린한 10월 유신도, 액면 그대로 인정해야 실타래 같이 얽힌 매듭을 풀어갈 수 있습니다.

박근혜대통령 혁명적인 국민대통합방안 마련해야

51.6%라는 대통령선거사상 최고의 득표율로 당선된 박근혜대통령도 지금처럼 과거사프레임에 발목잡혀있는 한 결국 실패한 대통령으로 몰락할 수밖에 없습니다. 전범국역사를 스스로 인정하고 지금도 그 죄 값을 스스로 치루고 있는 빌리 블란트 독일총리를 뛰어넘는 통 큰 정치로 정면승부해야 성공한 대통령이 될 수 있습니다.

박근혜대통령은 먼저 5천만국민 모두가 용서와 화합으로 융합할 혁명적인 국민대통합방안부터 마련해야합니다. 그리고 그 구체적인 실천방안도 함께 제시해야 합니다. 보편적인 정의와 진실마저도 농락하는 종북 좌파들의 실체가 백일하에 들어난 18대 대통령선거가 바로 새로운 민족번영의 이정표를 다시 세울 기회이기 때문입니다.

그렇습니다. 5.16혁명에서부터 좌우파로 갈라선 역사의 연결고리를 청산해야 한국병치유가 가능합니다. 대통령대국민담화에서 언급한 안전 불감증과 부정부패가 만연한 한국사회를 뜯어 고치려면 우선 다음 네 가지 문제부터 선행해야합니다. 새누리당과 박근혜대통령은 민족번영을 위한 희망의 새 청치로 화답해주시기 바랍니다.

박근혜정부의 성공 포인트, 작은 정부와 지방분권

첫째, 행정수반인 대통령과 국무위원들이 직접국정운영을 책임지는 시스템으로 정부조직을 개편해야합니다. 그리고 500개도 훨씬 넘는 위원회를 모두 폐지해야합니다. 지금처럼 국무위원인 장관들이 청와대 수석비서관들과 정부의 각종위원회의 하부조직으로 남아 있는 한 국무위원들의 책임행정이 사실상 요원하기 때문입니다.

둘째, 완벽한 지방분권을 실현해야합니다. 우리의 시방사치가 후진성을 면치 못하는 이유가 5.16혁명에서 비롯되었음을 직시해야합니다. 조국근대화를 위한 강한정부를 빌미로 시·도지사 산하에 있던 경찰자치권과 교육자치권을 중앙정부로 귀속시킨 박정희정부의 독재와 함께 중앙정부 행복, 지방정부 불행이 시작되었기 때문입니다.

지방정부의 치안과 교육 사무를 5.16혁명정부이전처럼 지방정부로 완벽하게 이관시켜 지방정부가 미국의 주 정부처럼 완벽한 행정시스템을 갖추게 한다면, 학교폭력문제를 비롯한 각종사회악 척결도 진일보할 것으로 믿어 의심치 않습니다. '행정이 세분화된 만큼 공동화현상이 발생한다.'는 행정학원리를 정부가 귀담아 듣기를 바랍니다.

재벌기업의 윤리회복 촉진하는 경제개혁 서둘러야

셋째, 2차 대전 피해국가, 피해당사자 그리고 그 유족들에게 실질적인 보상대책을 마련한 블란트 독일 총리처럼 박정희독재 피해자들에 대한 보상대책을 강구하는 통 큰 대한민국 국민대통합방안마련을 모색해야합니다. 5.16을 쿠테타로 박정희대통령을 독재자로 부르는 그들이 어쩌면 박정희정권이 만든 사회적반항아일지 모르기 때문입니다.

넷째, 올바른 경제민주화를 실현해야합니다. 오늘의 한국경제가 재벌중심으로 고착화된 이유 또한 5.16혁명과 무관치 않습니다. 큰아들이 잘 돼야 집안이 잘된다며 가족모두를 큰아들의 부속물로만 여긴 아버지와의 갈등을 그린 '형제의 강'이라는 SBS드라마처럼 오늘의 재벌족벌경영체제는 경제발전만 우선한 박정희정권의 산물이지 않습니까?

경제민주화를 다른 말로 바꾸어 말하면 '기업의 윤리회복입니다. 경제주체만 싸고돌았던 박정희대통령의 편향된 시각이 오늘의 재벌족벌경영체제를 부추겼다는 사실인식에서 경제민주화는 출발해야합니다. 노블리스 오블리제를 실현하는 재벌기업에 더 많은 인센티브를 주는 기업윤리회복방안마련이 박근혜정부의 성공 포인트가 되어 질 것이다.

2014. 5. 19.일 세월호 참사 대통령대국민사과 담화를 지켜보고…

공룡, 지구를 떠날 밖에…

물질주의가 온 세상을 송두리째 지배하고 있다. 예전에는 물질을 행복의 필요조건으로 여겼다. 그런데, 어찌된 영문인지 요즘 세상은 물질이 행복의 절대 조건이 되어 버렸다. 인류의 진보문제는 차치하고 단순한 생의 연장만을 위해서라도 물질은 참으로 소중한 것이다. 그러나 우리는 지금 물질이 너무 많아서 탈이다.

딱히, 뭐라 꼬집어 말할 수 없을 만큼 심각한 오늘 우리 사회의 내홍은 어디서 비롯된 것일까? 산적한 민족 내면의 문제는 내팽개치고 너무나 서구 물질주의만 신봉했던 적폐는 아닐까? 우리들의 소중한 정신문화마저 서구 문화에 빼앗긴 업보는 아닐까?

보통의 사회 현상 속에 나타나는 갈등과 대립은, 인간들이 지성적이지 못 함에서 비롯한다. 민족문화를 중히 여기는 나라들은 이미 추앙 받는 자리에 올랐고 그렇지 못한 나라들은 아직도 피지배자의 자리에 굴복해 있다. 이렇듯 역사는 거짓을 말하지 않는다.

자기다워지려는 삼라만상의 속성, 그것이 우주가 영속하는 대자연의 섭리요, 이치다. 역사를 가벼이 여기는 우리가 현실을 되짚어 볼 가장 큰 이유다. 물질에 지배당한 세상보다, 정신이 물질을 지배하는 세상이 훨씬 더 아름다울 것이라는 믿음으로 세계는 문화의 21세기를 열었다.

그리고, 그들은 인류의 혼이 깃든 문화유산 지키기에 팔을 걸었다. 아름다운 존재를 위한 행보를 시작 한지 이미 오래다. 그런데 우리는 아직도 20세기 황금만능의 꿈속만을 헤 메고 있다. 많이 가지면 행복하다는 개발시대의 환상을 떨치지 못하고 말이다.

어떠한 수단 방법 가리지 않고 남보다 더 많이 가지기만 하면 행복 할 것이란 생각은 큰 오산이다. 행복이 성적순이 아니듯, 남보다 훨씬 많은 걸 가졌다고 행복이 저절로 보장되는 것은 아니다. 어떠한 경우라도 내가 나다워지고픈 노력, 우리가 우리다워 지고픈 노력이 없는 행복은 사상누각일 뿐이다.

풍요로움의 희생양이 되어 버린 우리의 몸을 웰빙하는 일도 급하고, 어디서부터 손을 써야 될지도 모를 만큼 만신창이가 되어 가는 나라를 바로 세우는 일도 화급하다. 하지만 우리에게 이보다 더 급한 건, 이미 나와 당신의 몸을 떠난 혼을 되찾아 내는 일이다.

우방이라던 중국은 동북 공정이란 해괴한 짓거리로 우리의 역사를 뺏겠다고 길길이 날뛰고, 독도를 자기네 땅이라고 우기는 일본도 제국주의의 망령이 되살아난 듯 이제는 아예 드러내 놓고 신사 참배를 자랑하는 철면피가 되어 버렸다. 정말 믿을 놈 하나도 없는 냉엄한 세상이다.

그렇다. 이게 약소국가의 서러움이요 수모일 게다. 우리는 더 이상 강대국의 업신여김을 용인해서는 안 된다. 하루 빨리 소유형 인간에서 존재형 인간으로 귀의해야만 한다. 그리하여 민족의 우월성도 되찾고, 까마득하게 잊어 버린 민족의 자존도 되찾아야 한다.

이 조그만 땅덩어리 하나를 지켜 내기 위하여, 선조들이 얼마나 많은 피를 이 강산에 뿌려졌는지 우리는 결코 잊어서는 안 된다. 나라야 어떻게 되든 말든 개의치 않고, 모두가 오늘처럼 물질주의로만 올인 하면, 나라는 불행해질 수밖에 없다.

나라가 길라잡이를 잘못해서 따르는 사람을 헷갈리게 해도 그렇다. 일찍이 시대정신을 거스른 자가 역사의 주역으로 살아남았다는 이야기는 들은 바가 없다. 이미 쥐라기시대에 지구를 떠나버린 공룡 이야기는 들었어도 말이다.

흔쾌히 따라나설 길라잡이는?

너무 오래 가난에 찌들어서일까? 우리는 실컷 먹고 마음껏 쓰는 것을 미덕으로 여긴다. 그리고 얼마나 많은 것을 가졌는가를 성공한 사람의 기준으로 삼는다. 이렇듯, 변화된 세태는 어느새, 지식의 고하 남녀노소를 불문하고 더 많은 소유에 목숨을 걸도록 부추기는 사회로 바꾸어 버렸다.

국민들은 언제나 편히 살기를 소망한다. 그래서 과거 미덥지 못한 정부라도 국민들은 그 저 묵묵히 따랐었다. 그런데, 요즈음 사정은 좀 달라진 듯하다. 나라를 걱정하는 사람보다 오히려 자기 몫을 챙기는 사람들이 더 많아진 것 같다. 마치 전리품을 챙기는 전장처럼 말이다.

국민소득은 채 3만 불도 안 되는 나라에서 5~60평짜리 초호화판 아파트에 수억 원짜리 명품 외제차는 기본이고, 해외 원정 출산에 골프 관광, 그리고 자녀를 유학 보낸 기러기 아빠 정도는 돼야 능력 있는 사람으로 여기는 세상이고 보면, 어찌 속절없는 국민들만 탓하겠는가?

97년 당시의 한국 경제로는 어쩌면, IMF환란은 당연한 수순일 수밖에 없다는 지적이고 보면, 취약한 한국 경제를 무시한 채 OECD 가입을 서둘렀던 문민정부의 야망은 애시 당초부터 내우외환도 분별치 못하는 객기에서 비롯되었다는 말이 훨씬 설득력을 더한다.

정부는 IMF 극복이라는 명분으로 구조 조정을 통한 시장경제에도 개입했다. 경기 부양책으로 신용카드도 남발했고, 엄청난 공적 자금도 쏟아

부었다. 앞장서 소비를 부축인 셈이다. 정부 정책은 언제나 그렇게 장미빛이었다. 그 덕에 국민들은 행복했었다. 비록, 카드깡으로 돌려 막는 삶이지만 말이다.

그렇다. 순진한 백성들은 늘 정부만 믿고 따를 뿐이다. 400조 원이 넘는 돈이 갈 곳을 잃고 떠돌아도 그림의 떡이다. 4~50도를 훨씬 넘는 뙤약볕! 그 곳 조차 마음대로 피해 갈 수가 없는 게 민초들에게 주어진 삶이다. 행복이라는 신기루를 쫓는 민초들의 일상은 그래서 늘 곤하다.

생사여탈권은 주치의에 맡기고, 차라리 주검이 될지도 모를 수술실로 향하는 환자가 차라리 부럽다. 암 덩이만 떼어내면 살 수 있다는 희망을 가진 환자처럼! 국민 모두가 흔쾌히 믿고 따라 나설 우리들의 진정한 길라잡이가 누구인지 되묻고 싶은, 정말, 복장 터지는 여름이다.

인생의 사계(四季)

발달심리학자인 대니얼 레빈슨은 청·소년기는 봄, 성년기는 여름, 중년기는 가을, 노년기는 겨울이라고 설파했다. 계절이 바뀔 때마다 환절기를 맞이하듯 인생에도 반드시 그런 전환기가 있다는 것이다. 사람들이 환절기를 지나면서 감기에 걸리듯이, 인생의 전환기에도 그런 고통스러운 통과의례가 뒤따르게 마련인데, 우리는 이때 맞이하는 인생의 고비들을 생의 위기(life crisis)라 부르고 있다.

우리는 인생의 고비를 크게 思春期(청소년기) 思秋期(중년기, 갱년기)로 나눈다. 환절기 때마다 심한 감기로 고생하는 사람도 있고 비교적 가볍게 지나가는 사람도 있는 것처럼 사람에 따라 위기를 느끼는 정도 차이는 다르지만, 80% 이상이 중년의 위기를 겪게 되면서 '내가 누구고? 어떻게 살아가야 할 것인가?'를 심각하게 고민하던 청소년기 때와 비슷한 갈등을 하게 되는 것이다.

자신을 돌볼 겨를도 없이 가족들을 위해 쫓기듯 살아온 지난날들을 돌아보며, 내가 누구를 위해서! 왜, 무엇 때문에 이렇게 살고 있는 것일까? 이제까지 내 삶의 의미는 무엇이고! 여생(餘生) 또 한 어떻게 살아가야 할 것인가? 하는 내부로부터 분출되는 수많은 갈등들 앞에서 방황하게 된다. 물론 사춘기 때와는 다르지만 누군가에게 반항을 하고픈 제 2의 사춘기를 맞이하게 된다는 것이다.

그동안 성공의 사다리를 오르느라 돌아볼 틈이 없었던 '과거의 멋대가

리 없는 나'와 '찌든 나의 삶'에 대한 보상을 찾으려는 몸부림! 이름하여, 중년기 자아정체감(ego-identity)이라는 홍역으로 우리를 괴롭히게 된다는 것이다. 어느 날 갑자기 불쑥 찾아드는 걷잡을 수 없는 중년의 갈등 앞에 방황하기도 하고, 삶의 의미를 재확인하고 새롭게 도약하는 계기를 마련하기도 하는 것이다.

계절의 순환처럼 모든 사람들은 그렇게 인생의 전환기를 맞으면서 살아간다. 그 위기를 어떻게 극복할 것인가 하는 문제는 순전히 개개인의 몫이다. 지나간 젊은 시절들이 아쉬워 방황을 할 것인가! 아니면 새로운 삶의 전환점으로 받아들일 것인가? 하는 중대한 인생의 기로에 서게 된다. 중년은 뜨거운 여름과 겨울의 냉랭함 사이의 가을쯤에 해당한다. 젊음과 늙음의 균형을 맞추는 계절 말이다.

우리의 인생은 순식간에 활활 타서 재만 남는 불쏘시개가 아니라, 한겨울 내내 우리를 따뜻하게 해 줄, 쉽게 꺼질 줄 모르는 '잉걸불'이도록 그리 알치게 살아내야 한다. 꽃 피는 새 봄이 지나가면 여름이 찾아오고 싱그러운 여름이 지나고 나면, 풍요로운 가을이! 그리고 그다음엔 죽음의 계절 겨울이 어김없이 돌아오는 대자연의 사계처럼! 우리 인생의 사계도 시나브로 그렇게 세월에 순응해야 할 일이다.

그런데 문제는 사람들이 좀처럼 자신이 늙어가고 있음을 인정하려 들지 않는다는 것이다. 물론 자신이 젊다고 생각하는 것은 정신건강을 위해서 매우 좋은 일이다. 하지만 중년이라는 현실을 너무 외면하고 '젊음의 환상'에 사로잡혀 사는 것도 인생의 사계를 역행하는 일이 될 수 있다는 것이다. 그래서 우리는 정신적으로나 육체적으로 한계를 느끼는 중년기를 사추기라 부르고 있는 것인지도 모를 일이다.

　공자는 나이가 마흔이면 어떤 유혹에도 빠지지 않는다하여 불혹(不惑)이라 부르고, 쉰 살이 되면 하늘의 뜻을 알게 된다하여 지천명(知天命)이라 하였다. 중년기는 젊지도 않지만 그렇다고 늙어버린 시기도 결코 아니다. 젊음과 늙어감의 혼란이 아무리 미미하다 할지라도 인생의 전환기는 그리 쉽게 피해갈 수가 없는 법이다. 중년기는 이렇듯 어디에 장단을 맞추고 살아가야 할지를 심각하게 고민하는 시기다.

　가을걷이가 잘되면, 등 따습고 배부르게 엄동설한을 날 수가 있듯이 어김없이 돌아오는 우리 인생의 사계에서도 갈걷이처럼 중년기는 그렇게 중요한 인생의 고비다. 중년을 넘기면 코앞이 바로 빼도 박도 못하고, 이러지도 저러지도 못하는 황혼인 까닭이다. 베짱이처럼 아무런 준비도 하지 못한 채 맞은 엄동은 실패한 인생이다. 새봄은, 반드시 차디찬 겨울을 견딘 자의 몫임을 다시 한 번 곰곰이 되새겨볼 일이다.

[편집후기]

강 처사의 효심에 감읍(感泣)하여 동의보감도 상품약이라 적은
인삼을 내려 받은 영산(靈山) 진악산이여!
하늘은 스스로 돕는 자를 돕는다 하였다.
에코토피아(生態理想鄕)를 잉태한 생명의 땅! 금산의 산하여…

이 글은 필자가 2005년 시인으로 등단을 한 후 쓴 글이다. 2006금산세계 인삼EXPO를 앞두고 청정금산과 인류의 영약(靈藥)으로 그 성가가 높았던 금산인삼을 예찬하기 위해 썼던 속칭 애향(愛鄕)시다. 굳이 〔바보 새 알바트로스〕서문에서 이 글을 회상(回想)하는 까닭은 정년퇴직을 하고 귀향해서 5년째 금산에 얹혀사는 필자가 보고 느낀 금산의 산하는 이미 유년을 추억 할 고향산천이 아니었기 때문이다.

온전한 구석 하나 없이 툭툭 잘리고 파헤쳐진 안산(案山)과 뒷동산의 모습들, 여기저기 지천으로 널 부려져있는 공해공장들, 민선 지방자치 25년 만에 변해도 어찌, 이렇게 많이 변했단 말인가? 지연가 사람이 하나 되는 21세기 여가사회(餘暇社會)를 꿈꾸기엔 너무나도 동떨어진 몰골로 변해버린 금산의 산하를 이대로 방치(放置)할 것인지? 아니면 청정금산 지킴이를 자처할 것인지 '진호생각'이 복잡하다.

신문배달 소년시절 40여만 원 상당의 패물(佩物)을 주워들고, 이 지긋지긋한 가난을 끝낼까? 아니면 주인(主人)을 찾아줄까를 두고 번민(煩悶)을 했던 1966년 11월 초 하루 새벽보다 몇 천배는 더 복잡한 심경(心境)이다. 신문배달 소년시절에도 그랬었고, 김대중 정부시절 용담댐 담수중지

가처분을 주도했을 때도 그랬듯이 이번에도 나를 땡볕으로 내몰아야하는 것인지, 예순여섯 번 째 겨울이 너무나도 스산하다.

2018. 1.

大自然 知己 김 진 호

| 작품 해설 |

염결(廉潔)한 바보새 앨버트로스의 꿈
― 김진호 시인의 시 세계

문학평론가 리 헌 석
사단법인 문학사랑협의회 이사장

1. 김진호 시인의 지향에 대하여

　신언서판이 뚜렷하고 논리 정연한 달변가이면서, 우리 국악(정악)의 발전과 선양에 헌신한 사람이 김진호 시인이다. 또한 우리 예절의 실천에 초지일관하면서, 스스로 믿고 지향하는 바를 분명하게 실천하는 사람이 김진호 시인이다.
　그를 만나 몇 마디만 나누어 보면 얼마나 신실한지, 얼마나 열정적인지, 얼마나 유식한 사람인지, 그 인품에 매료된다. 그렇지만 그는 교유(交遊)의 범위를 의도적으로 확장하지 않아 초야에 묻힌 '태공망'처럼 세월을 낚는다. 이렇게 한 동안 바람에 마음을 씻고 있던 중, 둘째 시집을 발간

하면서 자신의 지향과 정서를 많은 독자들과 공유하고자 한다.

> 천길 벼랑 홀로 저리
> 늘 푸른 솔은,
>
> 선비의 절의(節義)를
> 품었음인가?
>
> 사철 푸른 고고함이
> 정일품일세.
> ―「정일품」 전문

　충북 보은군 법주사 입구에는 멋진 풍모를 자랑하는 '정이품송'이 우뚝하다. 이 소나무보다 더 품격이 높은 소나무, 천길 벼랑 위에서 홀로 푸름을 지키는 '솔'을 시인은 '정일품'이라고 품계를 매긴다. 이 '솔'은 선비의 절의를 품고 있기 때문이며, 이러한 절의는 김진호 시인의 내면에서 우러나는 오롯한 정서이기도 하다. 사철 푸르게 고고한 자세로 일관하는 '솔'을 보며, 자신도 그러하리라고 다짐하는 시심이다.
　이는 시인의 고고함을 지키려는 '맑은 영혼'에 바탕을 두고 있다. 가끔은 그 역시 어지러운 세상에 휩쓸려 살아간다. 그렇지만 영혼을 맑게 가꾸는 일만큼은 포기할 수 없었다는 그의 고백은 눈물겨운 바가 있다. 영혼을 맑게 가꾸면 세상이 환하게 보이고, 어느 것이 우리의 아름다운 삶인지, 어떻게 하는 것이 올바른 선택인지 분명해진다.

> 산천어들 쉼터마저
> 다 빼앗았던,
>
> 뭇 중생들은 어디가고,

>   댓돌 위 다람쥐만
>   홀로 조는가?
>   -「구월의 山寺」 전문

　이 작품은 단순하지만, 득도의 '깨달음'과 '마음 비움'의 경지에 이른 시심이 담겨 있다. 여름이면 산사 인근의 계곡은 인산인해를 이루게 마련이다. 사람들은 의식하지 않고 산새들과 풀벌레, 그리고 산천어를 비롯한 물고기들의 삶터이자 쉼터를 빼앗은 채 즐기다가 떠난다. 그들이 모두 떠난 산사의 댓돌에는 다람쥐 한 마리가 졸고 있다. 한 순간의 서경을 묘사한 작품처럼 보이지만, 이 작품에 담긴 의미는 '제행무상(諸行無常)'이라는 깨달음이다.
　이러한 형상화는 「풍경소리」에서도 확인하게 된다. 〈오늘도 하염없이/ 허공만 두드리는/ 산사 그윽한/ 풍경소리〉를 〈하늘을 날고픈/ 물고기의 발원〉이나 〈오수 든 노스님을/ 깨우는 성화〉로 인식한다. 이러한 은유와 상징이 시인의 작품에 높은 품격을 부여한다. 이처럼 짧은 시를 통하여 시인은 자신의 지향과 정서를 담아내어 독자들과 만나고자 한다.

2. 김진호 시인의 국악 사랑에 대하여

　김진호 시인은 국악 중에서도 정악의 발전과 보급을 위해 살신성인(殺身成仁)한 공직자이다. 그는 대전광역시 의회(議會) 전문위원으로 근무하던 중에 '대전시립 연정국악원' 원장으로 전보되어 국악과 인연을 맺는다. 그의 말대로 '국악'의 '국'자도 모를 만큼 국악에 문외한이었던 그가 '연정국악원'의 운영 정상화를 이루고, 10년 만에 타 시도의 모델이 된 것은 원칙에 의한 운영, 우리 정악에 대한 순수한 사랑, 지칠 줄 모르는 열정에 힘입은 바 크다.

'연정국악원'은 연정 임윤수 선생이 소장하고 있던 국악 자료를 대전시에 기증하면서 발족되어 정악 중심으로 발전에 발전을 거듭하고 있다. 연정 선생이 작고하신 지 1년이 지나 제1회 연정 추모음악회(2005.9.28.) 초대장에 쓴 시가 아래 작품이다.

> 일 년에 한번 하늘에 올라.
> 견우와 직녀의
> 사랑을 지킨
> 애달픈 오작교 전설처럼!
>
> 가사 불고하고
> 나라음악을 지킨,
> 지고지순한 당신의 삶이
> 이제 그리 애틋한
> 전설이외다.
>
> 미수의 삶에도
> 당신 꺼라곤,
> 세상에 오직 단 하나
> 초라히 굽고
> 백발만 성성한 노구뿐!
>
> 나무 한 그루 풀 한 포기
> 탐하지 못한,
> 당신이 진정 배달의 적자요.
> 이 땅의 주인이외다.
> ─「선각자」전문

연정 임윤수 선생은 국악 자료의 집성 및 국악 발전의 원대한 꿈을 실현시키던 중 별세한다. 서구 물질주의에 홀대받는 우리 음악(국악)의 현실을 안타까워하며, 일찍이 문화의 21세기를 예견하신 선각자이다. 국악에 대한 헌신은 선생으로 하여금, 현실의 힘든 세월을 감내하게 한다. 가정과 처자를 돌보지 않는다는 의미로 지인들은 선생을 '가사불고 처자불고'라는 별칭으로 모신다.

　강산이 두 번 바뀌는 동안 '연정국악원'의 수장을 맡아 온 김진호 시인은 시작부터 남다른 모습을 보인다. 모든 행사의 팜플렛에 쓴 초대장 인사말을 '시'로 쓴 일이다. 문학전문지 『오늘의문학』 시 부문 신인작품상을 수상한 등단 시인으로서 당연해 보이지만, 그 일이 마냥 녹녹한 일은 아니었을 터이다. 또한 국악인들과 국악단체에서 부탁받은 축사(祝辭) 역시 '축시(祝詩)'로 대신한다. 이렇게 지은 작품이 이 시집의 2부에 수록되어 있는데, 그 중 한 편을 감상하기로 한다.

　　　　갈 길 바쁜
　　　　계절의 여왕
　　　　5월도
　　　　발목을 잡혔다.

　　　　황금파도
　　　　너울 키우는
　　　　청 보리밭
　　　　하늬바람에

　　　　싱그러운
　　　　초록에
　　　　취한 애섦은
　　　　가얏고 소리에….
　　　　　－「가얏고 초록에 취하다」전문

　국악인 송효숙 선생의 '가야금 독주회'를 축하하는 작품이다. 일상성을 뛰어넘는 표현에 송효숙 선생 자신도 흡족하였을 터이고, 이 초대장을 받은 분들도 상쾌하고 정갈한 시심에 젖어 연주회장을 찾았을 성싶다. 초여름에 갖는 연주회, '싱그러운 초록에 취한 가얏고 소리'에 '갈 길 바쁜 계절의 여왕 5월도 발목을 잡혔다'는 착상은 김진호 시인만의 독특하고 개성적인 표현 양식이다.

이 외에도 국악인 개인 연주회와 국악 단체의 행사에 대한 세심한 배려를 축시로 화답하였으니, 국악 발전을 위해 흘린 그들의 땀은 김진호 시인의 축시로 말미암아 오롯이 국악 발전의 기틀이 되었을 터이다. 이와 같은 시인의 염원은 대전광역시 서구 만년동에 새로 지은 '대전시립연정국악원'이 탄생되는 계기로 작용한다.

3. 김진호 시인의 금산 사랑에 대하여

김진호 시인의 고향 사랑은 눈물겹게 절실하다. 그는 전북 진안군에서 출생하고 충남 금산에서 성장하였으며, 한때 정치의 발전을 위해 노력하였으나, 정치가들에게 절망한 시인은 행정기관으로 자리를 옮겨 봉사하다가 정년퇴임에 이르러 자유로운 영혼이 된다. 그는 고향 금산에 대한 유별한 사랑을 대화, 칼럼, 강연 등으로 표현하는데 열정적 자세를 견지한다.

칼럼 「청정금산의 미래는 어쩌자고 이러는가?」에서 금산을 이렇게 표현하고 있다. 〈금산은 신이 내린 축복이 둘이 있다. 하나는 대한민국에서 두 번째 가라면 서운할 만큼 정갈하고 아름다운 금산의 산하이고, 또 다른 하나는 인류의 영약이라는 금산 인삼이다. 어디 그뿐인가? 금산사람 특유의 바지런함으로 일궈놓은 전국 최고의 약초시장 또한 빼놓을 수 없는 금산군의 또 다른 축복이지 않는가?〉 그리하여 금산의 아름다운 산하를 지켜야 한다고 주장한다. '청정금산'이라는 이미지 하나가 5만4천여 금산 군민을 먹여 살릴 유일한 방도라는게 그의 신념이다.

> 하늘(天)은
> 스스로 돕는 자를
> 돕는다 하였다.
> 에코토피아를
> 잉태한
> 생명의 땅!
> 금산의 산하여…
> ―「금산(錦山)」일부

시인은 금산을 '에코토피아(Ecotopia)'로 정의한다. '자연환경의 보전을 우선으로 하자는 생태학적 사상에 뒷받침된 이상향'이 바로 '금산'이라고 노래한다. 이처럼 아끼고 사랑하는 금산에 몇 년 전 화학제품업체에서 불산이 유출되어 주민들이 피폭당한 일이 있어 상심한다. 여기에 설상가상(雪上加霜)으로 의료폐기물소각장 건설이 대두되고, 업체가 소송하여 금산군과 주민들을 격앙시키는 일이 발발한다. 이에 김진호 시인도 분연히 나서서 함께 의료폐기물소각장 건설 반내에 나서게 되고, 그는 이 재판에 보조참가자로 참여하여 현재 진행형이다.

이렇게 고향의 현실에 절망하면서도 시인은 고향에 대한 정서적 유대감을 작품에 담는다. 때로 고향은 어머니를 통하여 형상화되기도 하는데, 고향과 어머니의 동질적 정서에 근거한다. 고향에서 살고 있어도 고향은 애틋하고 그립게 마련이다. 돌아가신 어머니와 아버지는 다시 만날 수 없어 더욱 그립고 애틋하게 마련이다.

>   오늘은, 솔 향 매캐한 해거름 연기가 살포시 그리워지는 날입
> 니다. 오늘은, 잉걸불에 솥뚜껑 내걸고 애호박전 노릇노릇 부쳐
> 주시던 어머님이 자꾸만 생각키워지는 날입니다. 오늘 같이 비
> 가 온종일 주룩주룩 쏟아지는 날이면 차라리 어머님 생각이 왈
> 칵 쏟아져 내리는 그런 날입니다.
>   －「구월 어느 날!」전문

온종일 비가 주룩주룩 내리는 날에 시인은 어머니를 그리워한다. 「산 안리의 봄」에서 보면, 그 어머니는 〈산벚꽃/ 유난히도 꽃을/ 좋아하시던〉 분이다. 어머니에 대한 그리움은 〈하얀 꽃으로/ 송아리 숭어리〉 피어난다는 발상이다. 그리하여 〈무시로 보고픈 어머니/ 꽃으로 오시는/ 봄날이 오면〉 시인은 〈천지를/ 오롯이 꽃으로 뒤덮는/ 신안 골짜기로〉 달려간다. 어머니가 계신 그 곳 〈차멀미/ 꽃멀미로 뒤범벅된/ 자진뱅이 뜰〉로 달려간다.

그리움에 대하여 시인은 명징하게 정의하고 있다. 작품 「그리움 1」에서 '외로움'은 〈누구에게라도/ 달랠 수가 있〉는 정서이고, '그리움'은 〈당신이 아니면/ 달랠 수가 없〉는 정서라는 것이다. 여기에서 '당신'은 불특정 다수가 아니라, 꼭 그 사람이라고 '특정'되어 있는 대상이다. 앞의 작품에서는 그리움의 대상이 '어머니'이지만, 그 대상은 시인의 정서 안에서 다양하게 열려 있다.

특히 「그리움 2」에서는 그리움으로 인해 명치끝이 아려오는 가을에 〈잉걸불보다// 훨 뜨거운/ 당신 가슴〉이라든가, 〈참새처럼/ 파르르 떠는 그 숨결〉에서 사랑하는 사람의 형상화가 애틋하다. 사실 눈을 감고 살아온 세월을 추억하면, '뜨거운 당신 가슴'이라 할 사람들이 얼마나 많겠는가? 초등학교 친구들부터 시작하여, 중학교 동창들, 고등학교 동창들, 그리고 고향 금산에서 만나 눈빛을 나누는 사람들 모두 그리움의 대상일 터

이다. 시인의 가슴에는 이러한 사람들, 못 보면 애달프게 그립고, 금방 보고 헤어져도 다시 그리운 고향의 사람들이 여러 층위(層位)의 그리움을 생성(生成)하고 있다.

4. 김진호 시인의 진정성에 대하여

김진호 시인은 정당의 공채(公採)로 선발되었던 선두주자 중의 한 사람이다. 중앙당과 지방당 조직의 책임을 맡아 선거사무와 당 운영에 전력하면서, 정치 감각이 특출하다는 평가를 받는다. 그러나 그의 작품 「정치인의 말」에서처럼 믿을 수 없는 정치인들에게 실망한다. 〈삐뚤어진 마음으로/ 곧은길만 가겠다는/ 주정뱅이 허풍〉이 바로 정치인의 말이기 때문이다.

그리하여 그는 행정기관으로 자리를 옮긴다. 의회에서 전문위원으로 봉직하던 중, 대전시립 연정국악원 원장으로 부임한다. 이 자리에서 국악의 발전에 이바지하고 정년퇴임에 이른다. 이후 고향 금산에서 소소한 일에도 전심전력을 다하면서, 지역 발전에 대한 청사진을 마련하고 있다. 언제인가 자신을 부르는 곳이 있으면, 그 곳에서 최선을 다하는 멸사봉공(滅私奉公)의 자세로 남다른 업적을 이루리라 발심(發心)한다.

> 태풍을 피하려고,
> 나뭇가지를
> 기웃거릴 수는 없다.
>
> 차라리 폭풍우를
> 뚫는 한 마리
> 바보 새가 될지라도….
> ―「바보 새!」 전문

6행의 짧은 작품이지만, 이 시에는 촌철살인(寸鐵殺人)의 지향(志向)이 들어 있다. 〈태풍을 피하려고/ 나뭇가지를/ 기웃거릴 수는 없다.〉에서는 정치인의 변절을 따르지 않겠다는 내면을 투영하고 있다. 보수 정치인이거나 진보 정치인이거나, 정치인이라면 그 본령에 충실하는 것이 원칙일 터인데, 현실의 정치인들은 항용 선거에서 이길 심산만으로 이 정당, 저쪽 정당을 기웃거린다. 기웃거리는 것이 아니라 나뭇가지를 골라 새로운 둥지를 짓는 것이 손을 뒤집는 것(如反掌)처럼 변덕스럽다.

그리하여 그는 〈차라리 폭풍우를/ 뚫는 한 마리/ 바보 새〉가 되겠다고 다짐한다. 폭풍우를 뚫고 나갈 수 있는 새, 우리는 신천옹(Albatross, 앨버트로스)이라 일컫는다. 이 새는 큰 날개를 이용해 바람을 타고 날기 때문에 힘을 들이지 않고도 먼 거리를 이동할 수 있고, 바다의 너른 지역을 활동 영역으로 삼을 수 있다. 때로는 비바람이 몰아쳐도 유유하게 날 수 있어 하늘의 '항공모함'으로 비유되기도 한다. 어떠하든지, 앨버트로스와 같은 큰 웅지(雄志)로 난관을 극복하겠다는 다부진 지향을 담아낸 작품이다.

그러나 앨버트로스처럼 큰 새를 지향한다고 하여, 작은 새에 무관심한 것이 아니다. 어쩌면 주변에 있는 작은 새들이 바로 우리의 자화상일 수도 있기 때문이다.

    올해도 강남 제비는
    영영 그렇게…
    우리들 사는 곳으로
    오지 않았다.

    이 땅은 제비 살 곳도
    안 되나보다!

금수들만 널브러진,
禽獸江山엔….
―「금수강산(禽獸江山)」전문

  우리의 산업은 나날이 변화하고 있다. 1차 산업 중심의 사회에서는 집의 '도리(기둥과 기둥 위에 건너 얹어 그 위에 서까래를 놓는 나무)'에 제비가 집을 짓고 살았다. 가끔 배설이 바닥에 떨어져 지저분할지라도, 이를 감내하며 사람과 자연이 함께 숨 쉬는 세상이었다. 그러나 2차 산업이 발달하면서 매연과 독극물 등에 의하여 자연이 파괴되기 시작한다. 또한 1차 산업도 '편리한 관리'와 '대량 생산'을 위해 농약을 무분별하게 사용하면서 제비도 돌아오지 않고, 논에 널려 있던 우렁이와 미꾸라지도 양식장에서나 만나게 된다. 이 작품의 제목 '금수강산(禽獸江山)'은 아름다운 우리 강토를 나타내는 '금수강산(錦繡江山)'의 반어적 비하이며, 동시에 풍자적 언롱(言弄)이다. 사실은 '제비'도 금수(禽獸)의 일종이어서 집합 개념으로 보면 의문이 제기될 수 있으나, '질이 낮거나 좋지 않은' 의미로 차용한 듯하다.
  이런 현상은 시인을 갈잎처럼 울게 한다. 〈미래를 도둑맞은 고목이/ 적막강산이 되어버린 그 숲에서/ 통곡을 하고 있다.〉고 노래한 '고곡'을 보며 시인의 '푸른 꿈'도 갈잎처럼 운다고 실토한다. 이렇게 통곡하게 하는 주체는 「못된 놈들」에서 보여주는 바 〈지지리도 못난/ 여의도 놈들〉이라고 하여 정치가들로 구체화한다. 이런 시각을 바탕으로 그는 '생각하는 사람'이기보다는 '역동적으로 실천하는 사람'이 되고자 한다.

꿈만 꾸려거든
잠자리로 드시고,

꿈을 이루려면

어서 일어나시게….
                            -「꿈만 꿀 거니」 전문

 그리하여 시인은 꿈을 이루려고 일어선다. 그리하여 솔선수범하는 입장을 「바보」에서 분명하게 밝힌다. 〈거울한테/ 먼저/ 웃으라는// 바보가/ 어디 있어//자기가/ 먼저/ 웃어야지〉에서 그는 사리분별(事理分別)에 의한 '본말(本末)'을 확인하고자 한다. 자기가 웃어야 거울 속의 인물도 웃듯이, 자신이 먼저 손을 들고 앞장을 서야 다른 사람들도 뒤를 따를 것이라는 놀라운 발상이다.
 김진호 시인은 분명한 어조로 '본(本)'과 '말(末)'을 분별하고 있으며, 이러한 분별력은 나라와 고장의 발전에 기여하는 토대가 될 것이다. 그의 작품에서 밝힌 시인의 내면, 그에 따른 그의 주장에 많은 독자들이 공감할 것이다. 이런 자세가 대한민국 정치의 복판에서 정치를 경험한 그만의 '노하우'이며 천부적으로 받은 '달란트'라 믿는다.

5. 김진호 시인의 염결(嗟潔)함에 대하여

 김진호 시인은 순수하고 염결(廉潔)한 사람이다. 그의 고향 충청남도 금산(錦山)은 이름처럼 '비단같이 아름다운 곳'이다. 청정한 자연과 순후한 사람이 동화(同化)되어 아름다운 고장을 이루고 있다. 또한 금산은 인류의 영약으로 성가가 높은 '금산 인삼'이 자랄 수 있는 청정지역이다. 금산 인삼은 '독이나 습관성이 전혀 없고, 인체의 항상성 유지에 효과가 탁월'한 것으로 유명하다. 이런 환경에서 태어나고 성장한 시인이어서 그럴까, 그 역시 천연기념물이라고 할 만큼 염결하다.

이승 떠나는
　　마지막 그 날까지…

　　따뜻한 가슴
　　한 켠 빌어서 쓸,

　　그런 인연!
　　어디! 없을까요?
　　　　　　　－「구인광고」 전문

　　이 작품에서 시인은 '따뜻한 가슴 빌어서 쓸' 사람을 찾는다. 그러나 되짚어보면 자신이 그러한 가슴을 갖고 있다는 역설적 표현이며, 〈그런 인연!/ 어디! 없을까요?〉라고 구하는 것 역시, 자신에게 구하면 그에 따르겠다는 의지적 형상화이다. 다시 말하면, 문면(文面)의 의미와 함께 행간(行間)의 원관념을 찾아보면, '따뜻한 가슴'을 지닌 사람들끼리 서로 인연을 맺어 좋은 세상을 만들었으면 좋겠다는 간절한 소망이다.
　　그는 「천년만년」에서 〈수수천년 유리병을 지키는/ 종이학이 된다고 해도/ 나는 당신을 기다리렵니다./ 눈물이 말라 울지도 못하고/ 날개가 없어 님 찾아 못 가도/…/ 사랑하는 당신이 기다리라시면/ 나는 기다리렵니다.〉라며 보여주는 단심(丹心)이 앞의 '따뜻한 가슴'과 상통한다. 차라리 가슴으로만 우는 반딧불이가 된다고 해도 시인은 사랑하는 당신을 영원히 기다리겠다고 고백한다. 이러한 고백이 바로 순수와 닿아 있고, 염결과 닿아 있는 내면이다.

　　당신은
　　누군가에게
　　힘이
　　되는

작품 해설

사람입니다.

당신은
누군가에게
꿈을
주는
사람입니다.
   −「당신은」전문

　이 작품 역시 문면의 의미보다 행간의 의미를 되새겨야 한다. '당신은'을 '나는'으로 환치하면, 작품의 원관념이 확연해진다. '나는 누군가에게 힘이 되는 사람입니다.' '나는 누군가에게 꿈을 주는 사람입니다.'라는 원관념을 차마 스스로 말하지 못하고, 서정의 객체로서 '당신은'을 원용하고 있다. 작품「삶(生)」에서는 원관념 찾기가 더욱 명징하다. 〈물속의 물고기가/ 목말라 한다는 말을 듣고/ 나는 웃는다.//시인 까르비의 노래다.//풍요로움에 빠져/ 쉴 새 없이 허우적이는/ 날 보고 한 말이다.〉를 통하여 '까르비'의 노래는 '자신'의 노래가 된다.

　이렇듯 김진호의 노래는 잠언(箴言)의 성격이 짙다. 자신의 지향(志向)과 정서(情緒)를 오롯하게 작품에 담아내어 뭇 사람들과 공유하고자 한다. 그리하여 그가 생성한 문학적 공유는 독자들의 가슴에 물결무늬처럼 널리 퍼져나가는 메아리로 남으리라 확신한다. 이러한 작품을 통한 '정서의 공유'로 인해 한동안 가슴 가득한 충만감으로 행복할 것 같다.

‖ 작가 약력 ‖

- 1951년 6월 14일 전북 진안군에서 출생하고 충남 금산군에서 성장.

〈학력〉
- 금산중앙초등학교, 금산동중학교, 금산농업고등학교 졸업
- 충남대학교 행정대학원 관리자과정 수료(17기)
- 목원대학교 3년 수료(이공대학)
- 한밭대학교 산업대학원 최고경영자과정 수료(16기)

〈경력-정당〉
- 민주정의당 충남 제4지구당 조직부장
- 신민주공화당 대전·충남도지부 조직부장
- 민주자유당 대전광역시지부 조직부장

〈경력-공직〉
- 대전광역시 의회사무처 근무(4급 상당)
- 문교사회위원회 전문위원
- 교육사회위원회 전문위원
- 운영(예산·결산)위원회 전문위원
- '93대전Expo부실공사조사 특별위원회 전문위원
- 대청호 맑은물 확보대책 특별위원회 전문위원
  ※ 용담댐 담수중지 가처분신청 주도한 죄로 면책인사
     지방자치 사상 최초로 지방의회가 국책사업에 제동.

대전시립연정국악연구원 원장
대전연정국악문화회관 관장

〈경력-문학 · 사회활동〉
- 한밭신문 객원 논설위원 역임
- 한국문인협회 대전광역시지회 회원
- 첫 번째 시집『正一品』출간
- 목원대학교(한국음악과, 사회체육학과) 강사 역임
- 대전대학교 자문위원 역임
- 송자尤菴 남간사유회 고문
- 한미친선유공 감사패 수상(한미연합사령관Sharp)
- 민선5기 염홍철 대전광역시장 당선인 공약실행위원회 자문위원 역임(문화, 예술, 체육 분야)
- 중도일보「문화초대석」필진으로 참여
- 두 번째 시집「덩그렇게」출간
- 금강일보「금강의 창」필진으로 참여
- 지역일간지 · 디트뉴스24 등, 칼럼니스트로 활동
- 금산군재난예방위원회 위원장
- 충청남도의회의정자문위원(농업 · 환경 · 지역개발)
- 국가중요농업유산 제5호 금산인삼농업유산보존위원회 위원장
- 금산의료폐기물소각장 행정소송 피고 보조참가자
- 자유미래포럼 문화예술진흥위원장(현)

〈경력-상훈〉
- 문학사랑 시 부분 신인작품상 수상(2005년 등단)
- 육군대학 창설54주년 유공감사패 수상
- 문학사랑 인터넷문학상 수상
- 지역문화발전유공 감사패 수상(한국예총대전지회)
- 복지TV대전충청방송개국 유공감사패 수상
- 보병32사단 창설56주년기념 유공감사패 수상

〈기타활동〉
- '민선단체장 선거를 앞두고 지방교육 자치 이렇게 개선되어야 한다.' (시·도교육위원회를, 시·도의회의 상임위원회로 존치하여야 한다.)는 논문을 월간 자치행정(1994. 4월호)에 기고하여 지방자치 제도개선에 기여(2007. 12. 7. 지방교육 자치에 관한 법률 개정으로 시·도교육위원회 폐지됨)

바보 새 알바트로스

김진호 시 · 칼럼집

발 행 일	2018년 2월 12일
지 은 이	김진호
발 행 인	李憲錫
발 행 처	오늘의문학사
출판등록	제55호(1993년 6월 23일)
주 소	대전광역시 동구 대전로 867번길 52(한밭오피스텔 401호)
전화번호	(042)624-2980
팩시밀리	(042)628-2983
전자우편	hs2980@hanmail.net
카 페	cafe.daum.net/gljang(문학사랑 글짱들)
	cafe.daum.net/art-i-ma(아트매거진)

공 급 처	한국출판협동조합
주문전화	(070)7119-1752
팩시밀리	(031)944-8234~6

ISBN 978-89-5669-897-7
값 15,000원

ⓒ김진호, 2018

* 이 책은 교보문고에서 E-Book(전자책)으로 제작하여 판매합니다.
* 잘못 제작된 책은 바꾸어 드립니다.